Begegnung mit dem wahren Meister

Reimund Kästner

Begegnung mit dem wahren Meister

Frieden finden durch die Befreiung
von der Illusion persönlicher Täterschaft

Impressum
Copyright 2019 © by Reimund Kästner
Coverfoto: © Hansi Wagner
Herstellung und Verlag:
BoD-Books on Demand, Norderstedt
ISBN: 978-3-7494-3118-2

Widmung

Dieses Buch widme ich meinem Freund, Bruder im Geiste und spirituellen Meister Werner Ablass, welcher mich über zwei Jahre lang begleitete. Das Abo seiner täglich erschienenen Texte und die damit verbundene intensive Korrespondenz waren von unschätzbarem Wert und hinterließen bleibende Folgen:
Während einer Online-Session mit Werner löste sich die Ich-Illusion auf. Ein unerschütterlicher innerer Friede offenbarte sich und wich nicht mehr aus meinem Leben.
Bis zu seinem körperlichen Tod am 23.12.2018 verband uns eine tiefe Freundschaft als etwas, das mit Worten nicht zu beschreiben ist und diese tiefe Verbundenheit besteht weiterhin. Um es mit Werners Worten zu sagen:
"Es gibt keinen Abschied, nur Liebe."

Ferner widme ich dieses Buch Marta Soreia, für welche ich das Abo und den damit verbunden Austausch mit Werner beendet hatte. Ohne sie hätte ich meine liebe Frau Monika nie kennen und lieben gelernt. Im November 2011 konnte ich beim Blick in ihre Augen die allem zugrunde liegende Leere sehen. Durch Marta erfuhr ich das, was diesem Körper offenbar noch fehlte: tiefe Meditationen und Ekstasen sowie sehr starke energetische Erfahrungen, damit verbunden tiefgreifende Prozesse, mit einer „Kernschmelze" vergleichbar, welche zu Guru Purnima des folgenden Jahres ihre Vollendung fanden. Selbst mystische Erfahrungen wurden nun als temporär, objekt-bezogen und bedeutungslos erkannt. Fortan spielte Meditation keine Rolle mehr in meinem Leben.

Ich liebe Euch, Werner und Marta, seid ihr doch beide in diesem, meinem Leben Spiegel gewesen, die mir den Weg zu meinem wahren Meister gezeigt haben.

LOVE

*Diese Leere, die so unerträglich zu sein scheint
und die doch alles ist, diese Unauffindbarkeit dessen,
was wir in Wirklichkeit sind. Dies ist es,
was allem zugrunde liegt und sich in allem ausdrückt.
Ich bin das, worin alles erkennbare erscheint,
zeitlos, an keinen Ort gebunden.
Ich habe mich noch nie irgendwohin bewegt.
Ich bin " IMMER ZUHAUSE."*

LOVE

Inhaltsverzeichnis

3. Stirb bevor du stirbst...

4. Ich...das Absolute

5. Der spontane, automatische Ablauf des Lebens

6. Das Leben...ein Spiel des Bewusstseins

Vorwort

Dieses Buch ist außergewöhnlich in seiner Art... Die Texte, welche du hier liest, sind mit dem Verstand nicht zu erfassen. Sie gehen weit darüber hinaus. Die meisten Texte sind entstanden aufgrund von Fragen von Lesern meiner Texte im Blog oder auf FB (Facebook). Antworten als solche bietet das Leben ohnehin genug, nur wer ist schon in der Lage, diese zu finden? Auch diese Texte können somit keine gültigen Antworten auf ganz spezielle Fragen sein. Ein jeder, der sich auf der Suche befindet, mag das für sich nehmen, was für ihn gerade passt. Meine Erfahrung aus früheren Zeiten hat ergeben, dass sich immer dann, wenn ich eine brennende Frage hatte, die richtige, für mich treffende Antwort fand. Für das, was wir wirklich sind, geht es nur ums Erinnern und dazu ist dieses Buch da. Es soll dir den Weg zu deinem wahren Meister, zu deinem wahren Zuhause zeigen. Gehen musst du ihn allerdings allein, denn wie mein Meister Werner Ablass einst zu mir sagte... *„Der wahre Meister ist in dir, alle Antworten sind in dir. Du brauchst niemanden, doch wenn du meine Unterstützung wünschst, dann komm. Ich lasse dich gern teilhaben an meinen Konzepten, welche auf die Wahrheit verweisen, die du selber bist."* Dieses Buch habe ich Werner gewidmet. Darum wirst du einige Zitate von ihm und auch Auszüge aus meinem Briefwechsel mit ihm darin finden.
Wenn dich die Gnade küsst, werden die Texte ein offenes Buch für dich sein, wenn nicht, dann eben nicht. Mach dir nichts daraus, vielleicht später. Du hast zumindest schon mal reingeschnuppert. Irgendwann macht es dann peng und du liest ohne aufzuhören. Wer weiß...?
Wir alle sehnen uns so sehr nach immer währender Liebe und nach Frieden, doch diese können wir in der Welt, so wie wir sie kennen, niemals finden. Solange du glaubst, der Handelnde zu sein, eine Person mit einem eigenständigen Zentrum, welche vollkommen getrennt von allen anderen agiert, wird dir nichts anderes übrig bleiben, als zu leiden. Aus dem Verstandesspiel

der Welt gibt es kein Entkommen durch eben diesen Verstand. Im Gegenteil: alles, was du glaubst erreicht zu haben, enttäuscht dich nur mehr und mehr. Nichts wird dich erfüllen. Die schönen, wünschenswerten Ziele werden dir immer und immer wieder vor Augen gehalten, doch wenn sie vermeintlich zum Greifen nahe sind, hast du nichts als Sand in deinen Händen und das Spiel beginnt von neuem. So geht es immer weiter, du versinkst im Leid, der Begierde, der Illusion. Gleich dem Hund, der versucht, seinen eigenen Schwanz zu erhaschen. Er wird ihn nie erreichen. Bis zur totalen Erschöpfung wird er sich drehen und wenden... Wenn man sich so umschaut, die Welt ist voll von erschöpften Menschen, die nichts anderes wollen als Frieden. Also lies diese Texte nicht mit dem Verstand, analysiere sie nicht, lasse sie wirken... Was hier geschrieben steht, ist mit dem Verstand nicht zu erfassen. Er wird es nicht annehmen und verstehen schon gar nicht. Der Verstand kämpft um seine vermeintliche Existenz. Höre nicht auf ihn, lies einfach. Du hast dieses Buch ja in der Hand, weil dich irgendetwas dazu bewegt hat. Möglicherweise ist dies der Beginn einer klaren Sicht der Dinge. Der Beginn der Erkenntnis, dass dein Leben, so wie du es bisher dachtest und kanntest, nur ein Glaube, eine Fehleinschätzung war und dass das, was Leben wirklich ist, weder etwas mit dir noch mit den anderen zu tun hat. Leben als solches ist eine Tatsache, die von niemandem persönlich gelebt wird. Am Ende bleibt tatsächlich nichts als das Leben selbst...

LOVE

1. Von der Illusion, eine Person zu sein....

Der Wahnsinn eines persönlichen Lebens...

Wer kennt sie nicht, die Zeiten, wenn sich wirklich alles gegen dich zu verschwören scheint. Gar nichts klappt und ergibt mehr einen Sinn.

So eine Zeit hatte ich Anfang 2000. Eines Nachts ging ich durch die Dortmunder City. Zuvor hatte man reichlich dem Alkohol zugesprochen und das für diese Zeit notwendige Helferlein, in Form einer Pille, eingeworfen. So dumpf beseelt ging es nun in den Dortmunder Rotlichtbezirk, nicht wissend, dass dieser Körper eh zu nichts Großem mehr im Stande war. Das Konto überzogen, ca. 30.000 Euro Verbindlichkeiten bei der Bank... Mir war alles scheißegal. So ließ ich mich treiben. Natürlich zog mir die „Dame", mit der ich mich, wie ich glaubte, gut unterhielt, auch noch das letzte Geld aus der Tasche. Aber es gab ja noch den Geldautomaten. Also, wenn schon, dann richtig... Am Ende hast du gar nichts mehr. So war es zu dieser Zeit. Es war eine Suche, die eigentlich gar keine war. Denn was immer man suchte oder glaubte, zu suchen, nichts konnte einen erfüllen. Im Gegenteil, alles wurde immer fader und das dunkle Loch, in welches man drohte zu fallen, wurde immer tiefer. Der nächste Morgen war eine einzige Katastrophe. Natürlich ist nach solch einer Nacht nichts mit einem Wohlgefühl verbunden. Doch der Verstand ist tückisch, heimtückisch, kaum tritt ein wenig Besserung ein, schaut er schon wieder auf das nächste Ereignis, welches er glaubt, steuern zu können. Also wieder das gleiche: Alkohol und Tabletten...und los geht es. Die Nächte sind es, in denen wir die Ablenkung suchen. Ablenkung von was, das ist hier die Frage...? Aber wer hält das schon aus, was jetzt gerade ist? Der Verstand auf keinen Fall und wenn er die Macht hat, und die hatte er ohne Zweifel, dann hast du keine Chance.

Ziellos trieb ich dahin in der City, wohl wissend, dass ein weiterer Bar-Besuch meine ohnehin schon stark ramponierten finanziellen Verhältnisse noch weiter belasten würde. Diese Art von Schlendern, wenn du so absolut planlos durch eine Stadt, durch ihre Häuserzeilen streifst, ist eigentlich ganz nett. Doch in solch einem Zustand der Verzweiflung ist es alles andere als empfehlenswert. Ich hatte keine Lust mehr, zu leben, war aber zu feige, es in irgend einer Form zu beenden. Alle möglichen Methoden, welche hierfür in Betracht zu ziehen wären, schieden aus. Erhängen kam für mich nicht in Frage, Springen aus großer Höhe war auch nichts für mich... Ich war von einer gewissen Lethargie erfüllt und in diesem Zustand schien alles egal. Als man die stark befahrene Stadtautobahn überquerte, ohne auch nur einen Blick nach links oder rechts zu werfen, war es nicht einmal beängstigend. Aber es passierte nichts. Nichts passiert, wenn du es willst, es kommt immer plötzlich und unerwartet, weil nicht von deiner Hand gelenkt. Ich machte mich auf den Heimweg und versuchte, die letzte Straßenbahn zu erhaschen. Lange stand ich an der Haltestelle, als ich auf einmal feststellen musste, es ist die falsche Richtung. Zu diesem Zeitpunkt waren keine Leute anwesend. Ich war allein, also sparte ich mir den Umweg über die Treppen und ging direkt über das Gleisbett, welches erheblich tiefer lag als der Bahnsteig. Da passierte es, ich verlor den Halt... Als ich wieder zu mir kam, blickte ich in ein helles, gleißendes Licht. Der erste Gedanke war: mein Gott. Doch dann sah ich die Lichter einer U-Bahn, welche direkt auf mich zufuhr. Im Bruchteil einer Sekunde erkannte ich meine Situation. Ich lag auf den Gleisen. Blitzschnell erhob sich dieser Körper mit einer Gelenkigkeit, die ich nie für möglich gehalten hätte und rettete sich so gerade noch auf den Bahnsteig. Eigenartig war, dass zu keinem Zeitpunkt ein Gefühl von Angst anwesend war. Ich fuhr mit einer unglaublichen Wachheit, welche sich eingestellt hatte, zurück in meine Wohnung. Dort angekommen, ging ich erst mal zur Tankstelle. Sie hatte immer geöffnet und ich wollte mir noch einen kleinen Absacker genehmigen. So eine Flasche Bacardi hat ja etwas Beruhigendes. Zu Hause angekommen, war es dann doch zu viel. Ich bewohnte zu dieser Zeit eine Dachgeschosswohnung und das letzte Stück der Treppe wollte einfach nicht mehr gelingen. Bacardi- und Rotweinflasche gingen zu Bruch, ich knallte mit dem Kopf gegen den Türknauf und lag auf der Treppe. Der Rotwein ergoss sich über drei Etagen nach unten und vermischte sich mit dem Bacardi. Ich saß mehr oder weniger auf der Treppe und machte nichts. Alles war voller Blut...also erst mal die Tür aufschließen und sehen, was passiert war. Wieder war auf einmal diese merkwürdige Wachheit da. Die Stirn war aufgeplatzt und es blutete wirklich sehr stark. Also versorgte ich mich zunächst notdürftig und, wie sich später herausstellen sollte, gar nicht mal so schlecht. Dann kümmerte ich mich um den Bacardi und den Rotwein. Treppenhaus wischen mitten in der Nacht, Scherben entsorgen und das in diesem Zustand... Irgendwann fiel ich tot ins Bett. Als ich am nächsten Morgen erwachte, war mir einfach furchtbar zumute. Die Stirn sah echt übel aus und es bedurfte ärztlichen Rates. Zum Nähen der Wunde war es natürlich zu spät und so bleibt bis zum heutigen Tag ein hübsches Andenken an diese Zeit.

In Zeiten wie diesen stellt man alles in Frage. Man ist von einer Unzufriedenheit gepackt und weiß nicht, wo und wie man sich lassen soll. Verhindern allerdings kann man diese Ereignisse und Erfahrungen nicht. Sie sind Teil der Geschichte, welche für einen geschrieben wurde. Zu diesem Zeitpunkt war mir dies allerdings noch nicht so ganz klar. Ich haderte wirklich mit allem, was mein Leben betraf. Irgendwann musste es doch auch mal anders kommen, aufwärts gehen. Doch lass dir eines gesagt sein: Irgendwann kommt nie! Es kommt immer dann, wenn man nicht damit rechnet, so ist es mit allem.

Niemals wirst du eine andere Situation in deinem Leben vorfinden als jene, die gerade in deinem Erlebnis-Kosmos erscheint. Es ist das einzige, was für dich zählt. Da mögen Gedanken sein, wie es wohl besser wäre oder schlechter. Es ändert nichts an der Tatsache, dass es nicht anders sein kann, als es jetzt gerade ist. Diese Tatsache zu verinnerlichen, macht frei, auch wenn du dich noch so sehr nach einer Vergangenheit sehnst, die möglicherweise besser war und einer Zukunft, die scheinbar besser werden könnte. Der gegenwärtige Augenblick ist maßgeschneidert für dich, er ist für dich bestimmt und zwar genau so, wie es gerade ist. Wir glauben immer, etwas ändern zu können und denken, wir wären der Steuermann, die Steuerfrau unseres Lebensschiffes. Dies ist jedoch ein Trugschluss. Nichts haben wir in der Hand. Wir treiben dahin wie ein Blatt im Wind. Ausgeliefert, hilflos und haben keinerlei Einfluss auf das, was geschieht. Die verrückte Vorstellung einer eigenständigen Existenz und des damit verbundenen eigenen Handlungsspielraums ist so gewaltig irreführend. Du glaubst, der Handelnde zu sein und schon beginnt dein Leidensweg.

Mit dem Zusammenbruch des persönlichen Denkers, der eh nur Einbildung war, stellt sich Frieden ein. Ein Frieden, der unerschütterlich ist. Alles geschieht weiterhin wie bisher, mit einer Ausnahme: Du bist nicht mehr da, warst es eh nie, hast es nur geglaubt und dieser Glaube an dich selbst hat dich in den Wahnsinn getrieben, den Wahnsinn eines persönlichen Lebens.

LOVE

Marionetten-Dasein...

Es war kalt an diesem Abend, kälter als sonst. Meine 82-jährige Mutter versuchte mal wieder vergeblich, die Fernbedienung für den Fernseher zu benutzen. Wie oft hatte ich es ihr schon erklärt und immer wieder das gleiche... Keine Chance, sie bekam es nicht mehr hin.

Lange Zeit fuhr ich von meiner Wohnung in Dortmund tagsüber zu meiner Mutter, welche in einem anderen Stadtteil Dortmunds wohnte. War ich doch aufgrund schwerwiegender gesundheitlicher Einschränkungen seit einigen Jahren pensioniert. Irgendwie war schon klar, dass sie Hilfe benötigte aber Demenz, das kam mir nicht in den Sinn. Unterschwellig vielleicht, aber dann wurde es wieder weggedrückt. So fuhr ich also fast jeden Morgen, wie andere zur Arbeit fahren, zu meiner Mutter, die schon am Fenster auf mich wartete. Man sah es immer an der zurückgezogenen Gardine. Als ich ankam, lag wie immer die Zeitung auf dem Tisch, eine nicht zu unterschätzende Orientierungshilfe, damit man weiß, welcher Tag heute ist... So ging es tagein tagaus. Wir halfen uns sozusagen gegenseitig. Mein Leben war ja auch so ziemlich gelaufen, wie ich damals dachte... Die Zeichen mehrten sich, da war die Fernbedienung, die zunehmende Unsicherheit beim Einkaufen und im Alltag. Ich will hier gar nicht auf Einzelheiten eingehen. Schlicht und ergreifend wurde die Situation auch für mich immer unerträglicher, da ich zunehmend den Verfall meiner geliebten Mutter beobachten konnte und mich natürlich immer häufiger fragte, wie es nur weiter gehen soll. Allmählich kam die Gewissheit, dass meine Mutter an Demenz erkrankt war. Auch die Fähigkeit sich auszudrücken, verschlechterte sich zusehends. Meine Mutter war jedoch, was ihren Zustand betraf, eigenartigerweise sehr klar. Oft sagte sie zu mir beim gemeinsamen Kochen oder gemütlichen Beisammensein: „Reimund, so kann es nicht mehr weiter gehen. Das kannst du nicht. Dann muss ich eben weg...“ Ich fragte dann immer, wie sie es denn meinte... „Willst du sterben...?“ Sie schaute mich einfach nur an und sagte nichts... Meine Mutter und ich hatten eine sehr intensive und liebevolle Beziehung zueinander. Dies konnte allerdings das eine oder andere Mal doch als ziemlich fesselnd empfunden werden. Manchmal musste man dann einfach raus und sich Luft verschaffen. So ein Tag war dies also... Ich verstand weder ihre Unfähigkeit, die Fernbedienung zu bedienen noch so das eine oder andere und rastete aus...und zwar völlig. Am Ende fiel die Tür laut ins Schloss und ich verließ kommentarlos die Wohnung meiner Mutter und fuhr nach Hause. Am nächsten Morgen kam ich natürlich wieder. Meine Mutter begrüßte mich so wie jeden Tag, als wenn nichts gewesen wäre. Sie schaute mich einfach nur an. Der Nachbar hatte wohl des Abends nach meiner Abfahrt geschellt und sich nach ihr erkundigt. Es war, wie gesagt, etwas lauter geworden. So konnte es also nicht mehr weitergehen, dachte ich. Diese Hilflosigkeit und Unzufriedenheit waren kaum auszuhalten. Die Situation schien ausweglos. Doch wo soll ein Ausweg herkommen, wenn zunächst keiner vorgesehen ist... Es wurde immer schlimmer und damit auch meine Verzweiflung immer größer. Ich wohnte nun ganz bei meiner Mutter und hatte meine kleine Dachgeschosswohnung aufgegeben. Ich verließ die Wohnung sozusagen Hals über Kopf, weil meine Vermieterin mir gekündigt hatte und mir ein Angebot unterbreitete, welches ich nicht ablehnen konnte, da es mir finanziell sehr entgegen kam. Also, hier war ich nun und wohnte bei meiner Mutter. Das, wovon jeder Mann so um die 50 träumt... Und wieder der Gedanke: „Aus dieser Nummer kommst du nicht mehr raus..." Klar, ich konnte meine bis dahin angehäuften Schulden abbauen, indem ich keine Miete zahlte aber der Preis war hoch, mein Nervenkostüm litt beträchtlich. Wenn man tagtäglich miterlebt, wie ein geliebter Mensch förmlich zerfällt, seine Persönlichkeit sich verändert und am Ende mit dem, was ich mal für meine Mutter gehalten hatte, wirklich gar nichts mehr zu tun hat. Da kann man sich vorstellen, in welcher Verfassung ich damals gewesen bin. Ich vegetierte nur so vor mich hin. Hatte an nichts mehr Interesse. So vergingen die Tage mit Alkoholgenuss und Tabletten... Das Einzige, was mich ein wenig hoch gehalten hat, war das Internet. Es wurde immer mehr zu meiner Ersatzwelt in jeder Hinsicht. Bis ich auf einem Online-Portal auf einen Talk mit Werner Ablass stieß. Das war die Wende. Nicht dass sich meine Lebensumstände zum Besseren wandten... Ganz und gar nicht. Ich konnte mich, mein Leben und meine Mitmenschen aber nun in einem anderen Licht betrachten. Und das macht den Unterschied...

Wenn die Marionette weiß, dass sie eine Marionette ist, ist sie das, was man als erleuchtet bezeichnen könnte. Diese Erkenntnis ändert aber nichts an der Tatsache, eine Marionette zu sein.

Nichts, aber auch gar nichts wird sich nun ändern, außer der Tatsache, dass sie erkannt hat, nichts in der Hand zu haben. Sie wird zu hundert Prozent bewegt. Sie hat kein eigenes Leben, sie wird gelebt. Das ist Freiheit: zu erkennen, dass es nicht anders sein kann, als es gerade ist. So und nicht anders. Was nutzen der Marionette all ihre Gedanken, ob persönlich oder unpersönlich... Die Gedanken und Gefühle kommen und sie verschwinden auch wieder. Das ist völlig irrelevant. Sie haben keinen Einfluss auf das, was ist.

Es mag sich frustrierend anfühlen, nichts in der Hand zu haben und vollkommen bewegt zu werden. Doch bei genauer Betrachtung hat man keine andere Wahl, als dieser Tatsache ins Auge zu blicken. Dann hast du Frieden. Dies ist der einzige Frieden, den es wirklich gibt. Wenn du dies begriffen und verinnerlicht hast, bist du in Frieden mit dir und der Welt.
Alles geschieht so, wie es geschehen muss und soll...

LOVE

Niemals wieder...hoffnungslos

Niemals wieder, wie oft hast du dir das schon gesagt? Und, was ist dabei herausgekommen? Natürlich nichts, denn egal, was auch immer damit gemeint und verbunden sein sollte... Es kommt wieder, wenn es wieder kommt. Ganz einfach, weil niemand einen Einfluss auf das hat, was geschieht. Du glaubst, du hast die Zügel in der Hand, doch dem ist nicht so. „Darauf falle ich nicht mehr herein. Ich heirate nie wieder. Das passiert mir nicht noch einmal. Du glaubst doch nicht, dass ich so blöd bin..." Und nun sitzt du hier, bist wieder verheiratet und und und... Manchmal scheint es ja zu klappen, zumindest sieht es dann so aus, als ob. Da scheint es tatsächlich so, als ob man aus diesem scheinbaren Fehler gelernt hätte. Doch alles ist in diesem Leben eine Frage der Zeit. Wenn es kommt, kommt es sowieso (wieder) und wenn es aufhört, hört es auf. Da machst du gar nichts. Wie oft habe ich in meinem Leben mit Situationen gekämpft, mit welchen ich ganz und gar nicht einverstanden war. Das war nicht immer schön für mich und mein Umfeld. Doch da machst du nichts. Auch das geht vorbei. Ausweglose, hoffnungslose Situationen anzunehmen, ist echt nicht jedermanns Sache. Die Aussage „Es ist wie es ist." hilft hier dem Denker nicht viel. Er will, er muss es anders haben, als es ist. Niemand ist zufrieden, wenn Ebbe in der Geldbörse ist oder es dir gerade so richtig mies geht. Wer akzeptiert schon das

Verlassen des Partners, sein Fremdgehen oder andere Umstände, die da so in diesem Zusammenhang geschehen können...? Alles ist in diesem Augenblick zum kotzen und man will nur raus aus dieser Situation. Die Situation ändert sich allerdings erst, wenn es an der Zeit ist und nicht, wenn wir es wollen. So ist das. Die Erkenntnis, dass es nicht anders sein kann, als es jetzt gerade ist, trifft dich wie ein Schlag. Die kannst du nicht herbeiführen.

Nicht dass ich nun in Fatalismus verfallen würde. Nein, es wird immer das getan, was ich für richtig halte. Nur dass ich mich nicht mehr für den Verursacher meiner Entscheidungen und Taten halte. Diese Erkenntnis oder besser gesagt diese Klar-Sicht ist gleichzeitig verbunden mit deinem persönlichen Ende. Wenn der vermeintliche Gestalter des Lebens Abschied nimmt bzw. erkennt, dass es ihn nie gab...so wie er dachte, dann ist Ruhe.

Die Akzeptanz der Hoffnungslosigkeit ist überhaupt nichts Besonderes. Die Akzeptanz, dass es so ist, wie es ist und nicht anders sein kann, ist auch nichts Besonderes. Die absolute Hingabe an das, was ist, ist genauso wenig besonders. Doch was wirklich besonders ist, ist auf denjenigen zu verzichten, welcher dies alles zu tun wünscht. Einfachheit, Frieden und Liebe treten erst dann zu Tage, wenn der Denker seinen Dienst quittiert hat und der Fluss des Lebens nicht mehr blockiert wird, sondern frei dahin fließt wie eigentlich schon immer. Das Leben fließt. Es braucht keinen Hoffnungslosen, Hingegebenen oder gar einen Akzeptierenden. Der Fluss des Lebens fließt dahin und nichts, aber auch gar nichts hält ihn auf. Du stehst ihm nur im Weg... Scheinbar...

LOVE

Über die Angst vor der Angst.....

Wenn ich nur wüsste, wie ich darüber reden soll. Ich weiß, es ist alles persönlich... Bin seit drei Jahren sehr krank und manchmal ertrage ich die heftigen Symptome kaum noch. Nur mein WISSEN bringt mich hier nicht weiter. Alles nur Geschichte, aber auch nicht. Wenn ich dann mal weine, tut das merklich gut und dann erscheint mir alles klein und nichtig. Ich setze mich kaum mit den unschönen Gefühlen zu alldem auseinander. Und ich kann schon so lange nicht mehr. Dann kommen da noch die Gedanken, dass ich ja weiß, es darf alles sein... Ich rutsche immer raus aus dem „Hier und Jetzt". Aber es ist gerade alles scheiße und ich habe große Angst. Ich fühle mich so hilflos und ausgeliefert und habe Angst.

Angst, Verzweiflung, Hilflosigkeit und Ausweglosigkeit sind das Normalste, was es gibt. Wir erscheinen als Menschen und als solche haben wir keinerlei Möglichkeit, uns dem zu entziehen, was ist. Ob du es glaubst oder nicht, mir geht es nicht anders als dir. Auch ich habe Angst, fühle mich oft hilflos und verloren. Bin auch schon ganz viele Jahre mit meiner Krankheit beschäftigt und habe meinen Frieden mit ihr gefunden. Dies ist nicht immer leicht, ganz klar. Tägliche Schmerzen können einen wahnsinnig machen...es hemmt den Lebensfluss und die Freude enorm. Soviel dazu...

Du musst dir keine Sorgen darüber machen, aus dem „Hier und Jetzt" herauszufallen. Es gibt kein „Hier und Jetzt". Dies ist, wie alles andere auch, eine hübsche Vorstellung des denkenden Verstandes. Alles Anker und Anhaltspunkte, welche geschaffen wurden, um das Leben erträglicher zu gestalten. Eines muss klar sein...wenn es denn gegeben ist: Du bist das, worin alles erscheint. Hört sich bescheuert an, ist es aber nicht. Mittlerweile sehe ich meinen Körper so wie den Körper eines anderen. Da ist kein Unterschied. Alles erscheint... Deine Krankheit hat weder mit dir noch mit irgend etwas zu tun. Die erscheint wie alles andere auch. Fakt ist, so grausam sich das jetzt anhören mag, du kannst nicht mehr sterben und kannst auch nichts verlieren.

Weil..na, ich glaub du weißt das: Du bist das Leben selbst. Es gewinnt nichts hinzu, noch verliert es etwas, nicht einmal sich selbst. Aus der persönlichen Sicht sieht es aber immer so aus, als ob... Das ist ein Scheiß-Spiel. Aber so ist es nun mal. Persönlich gesehen bist du immer der Loser, ohne Ausnahme. Du kannst dir noch so viel einreden über die schönen Dinge des Lebens. Es nützt nichts und vor allem. Wem sollte es nützen? Die Dinge sind weder schön noch nicht schön, sie sind einfach... Sich an den kleinen Dingen des Lebens zu erfreuen, ist auch nur Futter für den Verstand. Dies sind Vorstellungen und Konzepte wie alles andere auch. Der totale Zusammenbruch kann so ein Geschenk sein, welches das Leben sich gerade selbst macht. Zu sich selber finden, nach Hause kommen, bedeutet, zu sterben und zwar allem... Dies ist die einzige Freiheit, die es gibt. In diesem einen Augenblick der Erkenntnis deines Todes bist Du frei. Du bist ja gar nicht in der Lage, etwas aus dir selbst heraus zu machen. Du wirst zu hundert Prozent gelebt. Besser noch, das Leben lebt sich selbst ohne dich. Jeder Augenblick deines Lebens ist schon geschehen...das Leben erlebt es jetzt scheinbar als du. Es ist ein Ablauf, der nur noch bezeugt werden kann. Reines Bezeugen ohne einen Zeugen ist alles, was ist. Tu was immer du für richtig hältst und mache einfach, was sich gut anfühlt, dann bist du auf der richtigen Seite. Ist zwar auch nur ein Spruch aber etwas anderes gibt es nicht. Mit dem Wissen der eigenen Nicht-Existenz wird vieles einfacher... Viele sind ja der Meinung, mit der sogenannten Erleuchtung nicht mehr leiden zu müssen und ein wunderschönes Leben zu haben. Dem ist aber nicht so. Sie machen sich alle was vor. Schmerz wird es geben, sowie auch die ganze Palette menschlicher Erfahrungen. Du wirst aber keinen Leidenden finden können. Hier fällt mir ein Satz von Samarpan ein: „Du bist und warst nie getrennt von Gott." und Werner sagte immer: „Nichts geschieht außer Gottt." Er schrieb Gottt mit drei „t", damit keine Verwechselungen aufkommen. Man könnte sich ja einen alten Mann mit Bart vorstellen...

LOVE

Gefühlsmaschine Mensch...

Da ist die Rede davon, Gefühle aufzulösen, loszuwerden. Wie soll das denn bitteschön gehen? Akzeptanz des Gefühls und die volle Annahme soll zur Auflösung oder Beseitigung eines unliebsamen Gefühls führen. Dieses Leben allerdings besteht aus nichts anderem als Gefühlen und Emotionen. Hierdurch wird der Bio-Computer Mensch ganz nach seiner Programmierung gelenkt, ein jeder so, wie für ihn vorgesehen.
Du kannst dir noch so sehr dein Hirn verrenken, was nütze es dir...? Du willst etwas loswerden, egal was auch immer, du kämpfst mental dagegen an. Dieser andauernde Kampf wird natürlich zu Leid führen und zu Schwierigkeiten. Viele sind der Meinung, dass man sich seinen Gefühlen, vor allem seinen Ängsten, stellen soll. Da ist auch nichts dagegen einzuwenden. Doch wenn du ein Gefühl bei genauer Betrachtung glaubst, beseitigt zu haben, hast du nichts anderes gemacht, als Unkraut im Garten gejätet. Du machst Platz für neues... Und sie werden kommen ohne Ende. Mit der scheinbaren Beseitigung von einem Gefühl kommen an anderer Stelle zehn neue. Kein Mensch kann ohne Gefühl sein, keiner. Ohne Frage ist es sehr nutzbringend, sich dem augenblicklich auftauchenden Gefühl, welcher Art auch immer es ein mag, zu stellen. Alles besser als Verdrängung, darin sind wir ja Meister. Annahme von dem was ist, ist immer die bessere Lösung. Viel effektiver ist es jedoch, die Ursache des Übels zu ergründen. Hierbei ist die entscheidende Frage: Wer erlebt die Gefühle, zu wem kommen sie? Wer hat Schmerzen, wer hat gerade diese unerträgliche Angst? Wer hat diese Todesangst? Wer...? Ich, niemand anderes als ich. Nur ich habe diese Angst und nur ich erlebe all diese Gefühle und möchte sie nicht haben, weil sie mir unangenehm sind. Nur ich. Wenn ich also der Verursacher all dieser Kalamitäten bin, wäre es doch das Einfachste herauszufinden, wer ich eigentlich bin. Viele sind auch der Meinung, dies zu wissen, zumindest glauben sie das...
Das einzige, was sich auflösen kann, wenn dir dies bestimmt sein sollte, ist der Glaube an dich selbst. Damit verbunden der Verlust der Illusion persönlicher Täterschaft und der Verlust des

Glaubens, der Denker der Gedanken zu sein und auch derjenige, der die Gefühle erlebt. Solltest du die Tatsache verinnerlicht haben: KEIN DENKER...NUR GEDANKEN....KEIN TÄTER NUR TATEN...dann weißt du ganz klar: Gefühle kommen und gehen wie Züge auf einem Bahnhof. Pausenlos geht dies so. Wenn da keine Züge mehr fahren, wird der Bahnhof stillgelegt. Er hat keinen Nutzen mehr. Das Leben als solches benutzt den Menschen als Instrument, um sich zu erfahren, auszudrücken und wahrzunehmen. Und drei mal dürft ihr raten, was denn erfahren und wahrgenommen werden möchte...unter anderem Gefühle!!! Was soll da aufgelöst werden und vor allem, wer sollte dies bitteschön bewerkstelligen???

Das Bewusstsein will sich wahrnehmen, welche Person könnte hier eingreifen...? Es gibt keine Person, es sieht nur so aus, als ob. Ein Schatten kann gar nichts bewirken. Es tut mir sehr leid, auch wenn dies alles determiniert ist, so ist es. Einige in der spirituellen Szene sind hier scheinbar auf dem Holzweg. Da ist von der Seligkeits-Badewanne die Rede und der größte aller Irrtümer: die Auflösung und Transformation von Gefühlen. Alles in dieser Welt soll genau so sein, wie es ist und nicht anders. Es kursieren so viele spirituelle Konzepte, welche alle nur noch mehr Verwirrung stiften. Alles mag eine Zeit gut sein oder gut aussehen, gleich einem Alkohol- oder Drogenrausch oder einer ausgiebigen Meditation. Aber was nützt es...? Es geht ganz schnell wieder vorbei und dann geht es wieder von vorne los. Es gibt kein Entkommen. Erst mit dem Erkennen der eigenen Nicht-Existenz ist Frieden, vorher irrst du nur umher und glaubst, dass du irgendetwas erreicht hast und denkst, du seist angekommen. Wo auch immer du angekommen sein willst, solange du der Macher bist, hast du keine Chance. Gott erfreut sich auch an dir und lässt dich zappeln. Bist du doch nichts anderes als Gott selbst. Hast es einfach nur vergessen. Du maßt dir an, eigene Entscheidungen treffen zu können. Du kleines hilfloses Wesen Mensch, du glaubst und das schon dein ganzes Leben. Wirf diesen Glauben über Bord und sei frei. Dann tangiert dich selbst das beschissenste Gefühl nur noch peripher.

LOVE

Die Bildergalerie in unserem Kopf...

Bilder über Bilder prägen unser sogenanntes Leben. Wir machen uns Bilder von einem jeden Ding und in ganz besonderem Maße von Personen. Egal, ob es die Verkäuferin an der Kasse, der Chef, die Nachbarin, ein Politiker, ein Freund, der eigene Partner oder die Partnerin oder gar die eigene Person ist. Wir haben ein Bild im Kopf, welches wir uns gemacht haben und dieses Bild schleppen wir nun mit uns herum und zwar ständig... Gott gebot einst dem Menschen: „Du sollst dir kein Bild von mir machen" Was ist wohl damit gemeint? Ohne die Vorstellungskraft wäre diese Welt, so wie wir sie kennen, gar nicht möglich. Diese ist eine Welt der Vorstellungen und der Bilder... Ein jedes Ich (Denker) produziert pausenlos Bilder von anderen und von sich selbst. Dass dies nichts als Einbildungen sind, stört den Verstand, welcher selbstverständlich an seine eigene Identität glaubt, nicht im geringsten. Er will existieren und zwar getrennt, für sich selbst, so soll es sein. Du liest diesen Text hier und machst dir ein Bild. Du siehst ein Bild von mir und schon geht es weiter. Ein jeder hängt in dieser persönlichen Mühle aus Gedanken, die er noch dazu für seine eigenen hält, fest. Kein Entkommen möglich... Wir beurteilen und bewerten, was das Zeug hält und merken dabei gar nicht: ohne das Bild eines Gegenübers gäbe es uns auch nicht. An wem sollten wir uns denn orientieren? Indem nichts mehr bleibt als das Sein, verschwindet alles um mich herum. Das pure Bewusstsein tritt zu Tage, wie es seit jeher war und eigentlich sowieso ist. Es ist halt nur verdeckt vom Schlamm des denkenden Verstandes. Der persönliche Denker verhindert die klare Sicht auf das, was ist in erheblichem Maße.

Wie oft machen wir uns Gedanken über Dinge oder Personen, die mit dem, was wirklich für unser Leben relevant ist, nichts aber auch gar nichts zu tun haben? So läuft dieses Spiel. Ein Spiel aus Vorstellungen, Luftschlössern ohne Ende. Wer will schon darauf verzichten...? Hier muss auf gar nichts verzichtet werden. Schon allein aus dem Grund, weil es weder jemanden noch niemanden gibt, welcher auf was auch immer verzichten könnte. So oft lese ich „Loslassen ist alles...ich lasse los..." Lass dir sagen, finde den, welcher loslassen oder nicht loslassen will oder könnte. In dem Augenblick, wenn dir zu hundert Prozent klar ist, dass es dich nicht gibt, so wie du dachtest...dass du nicht existierst, musst du nichts mehr loslassen und du musst auf nichts verzichten. Du wirst auch keine Fragen mehr stellen, die dir so sehr auf dem Herzen lagen. Alles ist hinfällig...aus und vorbei. Du hast erkannt, wer du in Wirklichkeit bist und nicht, wer du dachtest zu sein. Bewusstsein ist alles was ist. Keine Person, keine Individualität. Es sieht immer nur so aus, als ob. Alles Teil dieses gigantischen Spieles, genannt das Leben. Die klare Sicht auf die Dinge, so wie sie sind, vereinfacht alles. Denn nun weißt du, dass du nichts aber auch gar nichts beeinflussen kannst. Alles ist genauso, wie es sein soll in diesem Augenblick. Da können Bilder produziert werden am laufenden Band. Wen kümmert es? Nur so lange es eine vermeintliche Person gibt, die sich mit der Gedankenmühle identifiziert, ist man gefangen in einem Teufelskreis aus Vorstellungen und Bildern...ohne Ende. Nachdem der Glaube an die Welt der Vorstellungen gefallen ist, sind da auch weiterhin Bilder, Gedanken und alles andere. Nur die Person, welche an diesen ganzen Mist geglaubt hat und das auch noch für ihr Leben hielt, die wirst du nicht finden. Ganz einfach, weil du erkannt hast, dass es sie noch nie gab. Sie war selbst nur ein Gedanken-Gespinst. Nun ist da dieser Friede, den sich ein jeder erträumt. Ein Frieden, der von nichts abhängig ist. Er ist...Liebe pur, das Einzige, was keiner Veränderung unterworfen ist, was immer gleich bleibt.

Es gibt einen wundervollen Vergleich hierfür: das Auge des Zyklons. Das Sturm-Monster kann wüten wie die Seuche. Da wird alles Mögliche herumgewirbelt, die Schwerkraft scheint vollkommen aufgehoben zu sein. Schwere Gegenstände werden wie Federn durch die Gegend gewirbelt. Wir alle kennen diese Bilder. Aber im Zentrum des Zyklons herrscht Stille, absolute Stille. Nichts wird hier bewegt. Es ist eine Leere, in der buchstäblich nichts, aber auch gar nichts existiert. Ein wundervolles Beispiel... So ist das auch mit uns. Draußen wütet es scheinbar unerträglich. Doch drinnen ist es ganz still. Ein Meer

der Stille, das von nichts, aber auch gar nichts berührt wird...und das sind wir. Nicht als Personen, sondern als das, was ist und was allem zugrunde liegt. Denn nur das, was keiner Veränderung unterworfen ist, ist echt, alles andere vergeht. Alles hat ein Ende, ob wir es wollen oder nicht...
Nur die Liebe bleibt... Liebe ist.

LOVE

Gibt es ein Leben ohne Identifikation?

Identifikation, auch so ein Wort, welches in esoterischen Kreisen des öfteren benutzt wird. Identifiziere dich nicht mit was auch immer. Prinzipiell ist es ja schon mal nicht so verkehrt... Identifizierung, z.B. mit dem Körper, mit Gedanken oder sonst was, führt unweigerlich in die Separation. Jedes Ich, wenn wir so wollen, ist mit sich selbst identifiziert. Ein Schatten identifiziert sich mit dem Objekt, welches ihn verursacht und bewegt. Dabei hat er keinerlei eigenständige Existenz.
Bei jeder Form der Identifikation geht es in erster Linie darum, herauszufinden, wer sich identifiziert. Nichts anderes ist hier von Belang. Du kannst dich identifizieren mit was auch immer du willst oder was auch immer deiner Veranlagung entspricht. Dies ist überhaupt nicht das Problem. Du kannst auch keine Identifizierung beseitigen. Ein jedes Ich, in seiner persönlichen Sichtweise gefangen, kann ja gar nicht anders, als sich zu identifizieren. Alleine schon aus dem Grund, weil es alles aus seiner vermeintlich eigenen, persönlichen Sicht sieht, erfährt, wahrnimmt. Dieses Spiel hier ist so angelegt. Niemand ist wirklich in der Lage, sich nicht zu identifizieren und wenn es so aussehen mag, ist es auch wieder der Mind, welcher glaubt, nun desidentifiziert zu sein. Identifikation verschwindet in dem Augenblick, wenn verinnerlicht wird, wer man wirklich ist. Wenn alle Glaubenssätze an ein Ende gekommen sind und die persönliche Täterschaft sich in Wohlgefallen aufgelöst hat. Wenn

du also von der Bildfläche verschwunden bist. Wen sollte es dann noch kümmern, ob da Identifikation ist oder nicht. Beides mag stattfinden. Dem Leben selbst ist dies aber absolut egal. Aus dem einfachen Grund, weil es gar niemanden gibt, der oder die sich, womit auch immer, identifizieren könnte. Leben identifiziert sich nicht, es ist ein spontaner Ausdruck, völlig unpersönlich und immer frei. Alles, was hierüber gesagt oder gedacht werden kann, ist es eh nicht. Es kann nur darauf hingewiesen werden, mehr nicht. Der Urgrund des Lebens bleibt von allem unberührt. Ist der See still und ruhig, dann ist nichts, gar nichts. Absolut keine Bewegung. Erst wenn Bewegung ins Spiel kommt, gibt es etwas, das angefasst werden kann. Ein Gegenüber sozusagen. Eine Welle kommt selten allein... Und schon wird etwas gesehen, mit dem sich identifiziert wird. Aber wer oder was auch immer ist hier derjenige, der dies tut? Was für ein verrücktes Spiel... Wasser identifiziert sich mit der Welle A, B oder C...oder noch besser, es vereinigt sich mit Wasser. Eine Welle sagt zum Meer: ich möchte eins mit dir sein. Nimm mich, jetzt sofort. Ich gebe mich dir hin... So etwas geschieht nur aus Glauben, durch nichts anderes. Wüsste diese kleine oder auch große Welle, dass sie nichts anderes als das Wasser ist, so würde sie über sich selbst lachen, sozusagen über ihre eigene Einfältigkeit. Wie konnte ich nur so blöd sein und dies glauben... Nichts anderes geschieht mit uns. Wir, die wir dermaßen vom persönlichen Denken beherrscht werden, haben keine andere Sichtweise, als es uns vorgegeben wurde, zu sehen. Rein äußerlich schaut es so aus, als ob es aus diesem Dilemma kein Entkommen gäbe. Und im Prinzip ist es auch so. Diese Welt funktioniert genau so. Sie ist auf Glauben aufgebaut, eine (optische) Täuschung, eine Fata Morgana. Ich habe schon mit Leuten gesprochen, die gesagt haben: „Wenn ich das alles gewusst hätte, ich hätte lieber weiter geträumt... Damals, am Anfang der Suche, hatte ich wenigstens noch Hoffnung..." Hoffnung und Erwartung auf ein besseres Leben, dauerhaften Bliss und Befreiung von persönlichem Leid. Tja, so ist das. Aber welche Chance hat die Welle schon... Sie kann nicht anders sein, als sie sein soll. Sie wird zu hundert Prozent vom Meer geformt, bewegt. Da gibt es kein Entkommen. Wenn durch Gnade oder was auch immer erkannt wird, dass man nichts anderes ist als das Meer, kann dies beängstigen oder befreien. Mich hat es total befreit. Die Auflösung der Vorstellung von der persönlichen Welle, dieses vermeintlich persönlichen Daseins, befreit von einer eingebildeten Last und von jedweder Identifikation. Wir wissen, dass wir das Meer selbst sind, der Urgrund von allem, was ist. Als Welle nur ein kleiner Ausdruck des Ganzen ohne jede eigenständige Existenz. Nun ist Frieden. Ist dies voll und ganz verinnerlicht, wird dich dieser stabile Frieden nie mehr verlassen und es kümmert dich nicht mehr, ob du identifiziert bist oder nicht...

LOVE

Und wieder, immer wieder ich....

Mir werden immer wieder Fragen gestellt, den freien Willen betreffend, Planungen, die gemacht werden, Schuldgefühle oder keine Schuldgefühle und und und...
Dies alles ist mit einem einzigen Wort verbunden: Ich. Ohne dieses Ich läuft gar nichts. Dieses Ich ist nur eine Vorstellung, und was für eine... Wozu dient die Ich-Vorstellung? Sie dient dazu, uns glauben zu machen, die Täter unserer Taten zu sein. Dies sind wir aus persönlicher Sicht auch immer. Ich plane, ich habe den freien Willen zu wählen, was auch immer ich möchte. Aus persönlicher Sicht liegt alles in meiner Hand. Doch, und nun kommt es, bei genauer Betrachtung ist zu sehen, dass dieses Ich, für welches wir uns alle halten, nichts weiter ist als eine Vorstellung, eine Ansammlung von Gedanken, die erscheinen und wieder verschwinden. Betrachtet man weiter, stellt man fest, dass alles was geschieht, eine Abfolge von Geschehnissen ist, auf die niemand einen Einfluss hat. Alles ereignet sich gleich einer Kettenreaktion. Eine jede Handlung ist nur Reaktion. Aktion, wie von so vielen gewünscht, gibt es nur für die Personen. Dies hier ist das Spiel von ich und du...das ist alles.

Hier ist aber niemand, der es spielt. Es sieht so aus, als ob da jemand wäre. So soll es sein...
Bewusstsein spielt mit sich selbst. Wenn die Festung Ich gefallen ist, funktioniert das Ich weiter wie bisher. Allein der Glaube an dieses Ich ist verschwunden. Es ist eine winzig kleine Korrektur der Sichtweise...mit einer enormen Wirkung auf unser vermeintliches Leben. Glaubtest du bisher, ein Leben zu leben, gibt es nun nur noch Leben, das sich ausdrückt in einem jeden Augenblick. Ohne dich.

LOVE

Verlust des Partners....

Da kam die Frage „Wie gehe ich mit dem Verlust des Partners um...? Was mache ich nun?"
Ehrlich gesagt, kann es auf diese Frage keine befriedigende Antwort geben. So ein Verlust eines geliebten Menschen ist immer schmerzvoll und er wird immer schmerzhaft sein. Dieser Verlust wiegt sehr schwer. Man hat eine mehr oder weniger lange Zeit miteinander verbracht und gelebt. Manche fast ein ganzes Leben und dann, irgendwann, kommt unweigerlich der Zeitpunkt der Trennung. Es ist sehr traurig, plötzlich ganz allein da zu stehen. Dieses ganze Leben hängt ohnehin am seidenen Faden. Wir sind uns unserer Beziehungen, unseres Daseins, unserer Umstände sooooooo sicher und glauben, dass dies für immer so weiter geht. So lange alles gut läuft und es sich für uns gut anfühlt, kommt doch niemand auf die Idee, dass es mal anders sein könnte und dann urplötzlich kommt der Knall. Was willst du nun machen? Du hattest es so schnell und in dieser Art auf keinen Fall erwartet. Warum geschieht dies jetzt aus-gerechnet mir?
Das Leben kümmert sich nicht um persönliche Belange, so grausam sich das jetzt anhören mag... Es ist genau so, wie es gerade ist. Floskeln, wie: „Alles ist gut." oder „Alles wird gut."

sind an den Haaren herbei gezogen und bewirken gar nichts. Es ist weder gut noch schlecht. Es ist weder traurig noch nicht traurig... Es ist schlicht genau so, wie es jetzt gerade ist. Aber du glaubst an diese Personen-Geschichte und das sollst du auch, so ist es vorgesehen und dadurch bist du involviert in dieses Spiel der Personen, in dieses Gewinn-und-Verlust-Spiel. Wenn ich mir nur vorstelle, was gewesen wäre, als meine Mutter 2016 starb und ich fünf Tage an ihrem Sterbebett saß...bevor mich die Klarsicht erfasst hätte... Ich wäre wahrscheinlich wahnsinnig geworden, vollkommen am Ende. Ich hätte mich tot gesoffen oder wäre völlig versumpft. Wer weiß...? Doch ich hatte das Glück, dass ich sehen konnte und dies schon lange vor dem Tod meiner Mutter. Ich konnte sehen, wer meine Mutter ist und vor allem, wer ich bin bzw. wer ich nicht bin und dies vereinfacht die Dinge um einiges. Vorstellungen sind das Salz in der Suppe des Lebens, ohne Vorstellungen geht es nicht, aber ihnen Glauben zu schenken, das macht dich irre....da gehst du kaputt. Und das ist es, was Leid erzeugt, unendliches Leid. Die Tatsache der eigenen Nicht-Existenz zu sehen, macht es einfacher. Das heißt nicht, dass da keine Trauer ist oder tiefe Bestürzung. Klar, die ganze Palette menschlicher Erfahrungen wird weiterhin erfahren werden. Aber tief, ganz tief im Inneren weißt Du, dass da niemand ist und dass dies hier alles nur ein Ablauf von Ereignissen ist, vollkommen unpersönlich. Also, liebe Mutti, du warst ein schöner Traum, ich habe dich geliebt und meine Liebe bleibt... „Am Anfang war das Wort." steht im Johannes Evangelium und „Ohne das Wort ist nichts." Nur mittels des Verstandes sind wir in der Lage, Dinge zu benennen und zu erleben. Tiere mögen Verbindungen, welcher Art auch immer haben, können sie aber nicht benennen. Vater, Mutter, Bruder, Schwester....alles wundervolle Träume eines Träumers, genannt der Denker, der sich seine Welt erträumt...ein Luftschloss. Ein kurzer Blitz in der Dunkelheit und schon ist alles wieder vorbei. Und nun...was machst du nun, wenn alle deine Träume enden, all deine Vorstellung, wie es sein soll oder zu sein hätte...all das, was du je geglaubt hast...??? Dann hast du nur das, was jetzt gerade ist. Dies ist alles....
Da bist du und niemand sonst. Allein...wie auch immer du es

nennen willst, wenn du dieses Theater hier verlässt und ganz bei dir bist... Es gibt nichts außer Bewusstsein, nur Bewusstsein allein ist.

LOVE

Das Gefängnis der eigenen Vorstellungen....

Wer nimmt uns die Angst vor dem Tod? Wer nimmt uns die Angst vor der Auslöschung? Diese Angst, zu verschwinden und alles zu verlieren? Dieses Gefühl, nicht mehr da zu sein? Wer nimmt uns die Angst vor der Vernichtung, dem Dahinsiechen im Alter? Wer nimmt uns die Angst vor der Hilfsbedürftigkeit? Ist das denn die entscheidende Frage? Es gibt keine Erlösung von diesen Ängsten. Alle haben die selben Ängste. Schau in die Augen der Menschen. Nur ein Tag reicht aus, um diese Angst riechen und fühlen zu können. Du kennst sie, oh ja...du kennst sie. Du bist diese Angst. Wie oft schon hast du dich gefragt: Was wäre wenn...? Keine Antwort, aber jede Menge Spekulationen. Der Denker ist hier äußerst kreativ. Ist er doch der Verursacher der Ängste und hält gleich massenweise Lösungen parat.
Stell dir mal vor, ein Hamster könne sich seiner selbst bewusst sein und er könnte erleuchtet werden...wie auch immer. Was bleibt ihm zu tun? Was soll er machen...? Die Situation ist wie folgt: Er läuft jeden Tag in seinem Rad. Hin und wieder verlässt er es, um zu fressen und zu trinken und zu schlafen. Immer das gleiche. Jeden Tag, tagein tagaus. Wenn ihm dies bewusst wird, hat er vielleicht die Möglichkeit, dieses Hamsterrad zu verlassen und vielleicht verlässt er es und nun... Da ist sein Napf, Wasser, Nahrung und seine Schlafstätte. Was sonst noch? Da sind die Gitterstäbe. Er ist in einem Käfig, aus dem es kein Entkommen gibt. Was soll der arme Hamster nun machen? Nichts... Er ist weder frei noch unfrei. Trotz des Erkennens, der Erleuchtung oder wie auch immer...ändert sich für ihn gar nichts. Vielleicht geht er sogar wieder ins Rad und läuft ein paar Runden. Nun

aber mit einer Hingabe, voller Genuss. Vorher sah er immer so traurig aus...aber nun läuft er aus purer Freude. Er fühlt sich weder gefangen noch frei. Er lebt einfach das ihm zugeteilte Leben. Kein Kampf ist mehr gegen das, was ist. Seine Situation ist, wie sie ist. Er versteht zu hundert Prozent, dass er kein anderes Leben haben kann, als dieses und dass er gelebt wird, total gelebt wird. Gott in Hamster-Gestalt.

Totale Akzeptanz kann man nicht praktizieren. Sie kommt automatisch mit der Erkenntnis, dass man nicht der Handelnde ist und vollkommen gelebt wird. Dann ist man frei... Frei von der Vorstellung, jemals frei sein zu wollen oder etwas anderes zu erreichen als das, was ist. Vielleicht ist er früher gelaufen, um irgendwo anzukommen. Nun läuft er einfach so und macht sich keinen Kopf mehr, warum. Was für eine Einfachheit. Was für eine kindliche Freude, die Dinge so zu nehmen, wie sie sind. Wenn der Widerstand gebrochen ist gegen das, was ist...dann ist das, was gerade ist, die höchste Erfüllung. Scheißegal wie die Umstände gerade aussehen mögen, dies hier ist der bestmögliche Augenblick, den es für mich je geben wird und zwar genauso, wie er sich präsentiert. Was für eine Freude, was für eine Gnade, dies zu sehen... Niemals wieder wirst du von der Vorstellung, eigenständig zu denken, in die Irre geführt werden. Denken wird geschehen, aber es geschieht nun in seiner natürlichen Funktion. Du läufst und lebst das Leben, das dir vorgegeben ist, zu leben. Friedlich nimmst du hin, was eh nicht zu ändern ist. Du handelst entsprechend deines dir vorgegebenen Programmes, kämpfst, planst, lachst, weinst und tust, was zu tun ist. Aber du weißt, dass du nichts in der Hand hast. Du wirst gelebt...gleich dem Hamster in seiner kleinen Welt. So lebst du in deiner Welt. Es ist deine Welt, deine Sicht und dein Leben. Und es wird sich so gestalten, wie es für dich vorgesehen ist. So und nicht anders... Stille und Frieden breiten sich aus. Du kannst nun tun, was du schon immer machen wolltest. Denn eines ist sicher, du wirst nichts anderes machen können als das, was dir vom Leben vorgegeben wurde, zu tun. Dein Schicksal ist besiegelt, ob du es wahrhaben willst oder nicht. Also erfreue dich an deinem freien Willen und genieße dein Leben, aber vergiss eines nie: Du bist nur der vermeintliche Träumer in einem Traum und wenn dieser

Traum zu Ende geht, ist der Träumer verschwunden. Was bleibt, ist ein Traum ohne Träumer, vollkommen unpersönlich, weder frei noch unfrei. Einfach nur dies.... Was für eine Freude, welch ein Genuss, ein paar Runden in diesem Rad zu drehen...immer und immer wieder, wohl wissend, dass es ein Gefängnis ist. Das Gefängnis der eigenen Vorstellungen.

LOVE

Aus der Traum....

Du suchst nach einem Lehrer oder Coach, nach jemandem, von dem du glaubst, dass er etwas hätte, was du nicht hast. Lass dir von mir sagen: Ich habe nichts, was ich dir geben könnte, gar nichts. Was hättest du davon, wenn ich dir etwas verspräche... Was auch immer ich dir versprechen könnte, wäre ein weiteres Luftschloss in dieser Welt. Du, der du glaubst, dass dir etwas fehlt, bist voller Erwartungen auf das, was dir der scheinbar Erwachte geben könnte: Erleuchtung, ein sorgenfreies Leben, zumindest Techniken und Methoden, welche die Hoffnung auf ein besseres Leben nähren. Das, was du wirklich willst, ist Frieden und den findest du nicht in dieser Welt. In der Welt des Verstandes gibt es keinen Frieden. Was also könnte ich dir geben...? Ich habe nichts, außer Träumen und Illusionen anzubieten. Dies ist das, was ich dir geben könnte...Geschichten über Geschichten, Hoffnungen, Illusionen und noch mehr Träume. Damit lässt sich hervorragend verdienen. Warum nicht, diese Welt funktioniert so...nichts dagegen einzuwenden. Du gehst zu jenen, von welchen du dir Hilfe erhoffst und die dir das meiste Geld aus der Tasche ziehen und glaubst nun, dass dies, was du hier bekommst, sehr wertvoll sein muss. Oder du gehst zu jemandem, der sehr viele Anhänger hat. Der muss ja gut sein, sonst wären ja nicht so viele bei ihm oder bei ihr... Er oder sie hat einen Namen, von dem oder von der habe ich noch nichts gehört...das ist nichts. So funktioniert dieser Verstand. Du wirst bekommen, wonach immer du suchst. Dein Lehrer oder Coach oder was auch immer, wird maßgeschneidert für dich, für deine Vorstellungen sein und diese selbstverständlich auch bedienen. Doch was nützt es dir? Gar nichts...

Das, was für dich wirklich wichtig ist, kann dir niemand geben. Es geht vielmehr darum, dir deine Illusionen zu nehmen. Doch damit lässt sich nichts verdienen... Jeder tut so, als ob er etwas wüsste. Dabei weiß er nichts. Es sieht immer nur so aus, als ob. Diese ganze Welt ist so aufgebaut. Jedes Ich ist ein Wissender oder eine Wissende. Sie glauben, zu wissen. Ein Schatten führt den anderen in die Irre. So sieht es aus. Natürlich geschieht alles spontan und ist Bestimmung. Also auch die Irreführung...nichts ist ausgeschlossen. Wir hängen so sehr an unserem scheinbaren Wissen, welches nichts weiter ist als ein Glauben, dass wir dafür alles geben würden. Wir sind verzweifelt in einer Welt voller Leid und hoffen auf Besserung und natürlich Befreiung von eben diesem Leid. Doch wer sollte uns diese Freiheit geben? Wer? Du sitzt auf einem Karussell und hoffst auf Befreiung, während du in einem Taxi fährst, welches sich im Kreis dreht. Du hast alles versucht, wirklich alles und nun steigst du aus diesem Taxi aus und gehst in das Feuerwehr-Auto, dort ist ein Fahrer oder eine Fahrerin, der oder die weiß ganz bestimmt, wo es lang geht. Und natürlich wirst du nun endlich irgendwann befreit werden. Vielleicht gibt man dir irgendwelche Übungen, Methoden oder was auch immer, Hauptsache der Verstand ist beschäftigt, darum geht es. Der Mind braucht Abwechselung und dafür zahlt er jeden Preis. Nichts dergleichen wird dich aus deiner Situation befreien, denn das Karussell dreht sich genau so weiter wie bisher...und es wird sich auch immer weiter drehen. Du magst das eine oder andere Auto mehrmals wechseln, den einen oder anderen Fahrer oder die Fahrerin befragen. Alles dreht sich im Kreis und keines der Autos, ob sie nun groß sind oder klein, ist lenkbar. Es sieht nur so aus, als ob. Die Fahrer oder Fahrerinnen der Autos haben alle genau so wenig in der Hand wie du. Auch sie sind nur Schatten in einem Spiel, in welchem es gar nichts persönliches gibt, nichts individuelles. Allein diese Erkenntnis sollte dich befreien. Die Befreiung von einer Vorstellung über dich selbst, welche du bereitwillig mit dir herumgeschleppt hast. Dein ganzes Leben lang hast du an dich geglaubt. Es heißt ja auch so schön: glaube an dich. Wenn es denn da etwas gäbe, an das man glauben könnte. Nichts dergleichen ist vorhanden, gar nichts.

Die Illusion der persönlichen Täterschaft kann dir genommen werden oder auch nicht. Dieser Prozess kann durch sogenannte Meister/Lehrer angestoßen werden oder es geschieht einfach so. Manche machen auch gar nichts und diese Last fällt einfach von ihnen ab. Es geschieht, wenn es geschehen soll. Niemand hat einen Einfluss...niemand. In der Erkenntnis „kein Täter nur Taten" liegt die Befreiung, nicht für die Person oder das Ego...nein. Weder ein Jemand noch ein Niemand wird befreit, allein aus dem Grund, weil da noch nie ein Jemand oder ein Niemand oder sonst irgendetwas persönliches war oder jemals sein wird. Wenn der Traum zu Ende ist, bist du verschwunden, dann gibt es keinen Träumer mehr. Der Traum lebt sich selbst, einfach so. Es ist wie es ist und genau so, wie es sein soll.

LOVE

Die Person, die es nicht gibt....

Wir alle wünschen uns nichts sehnlicher als immerwährenden Frieden, der uns zutiefst erfüllt. Doch unser Alltagsleben sieht oft anders aus. Stress, Hektik und unendlicher Druck von allen Seiten... Viele von uns sind kaum noch in der Lage, ihren Alltag zu bewältigen. Das Gefühl: ich schaffe das nicht, alles wächst mir über den Kopf...nimmt immer mehr zu. Gibt es aus dieser Mühle überhaupt einen Ausweg? Ich sage: ja, es gibt einen Ausweg. Dieser ist allerdings vom denkenden Verstand nicht einsehbar, ganz einfach weil dieser den alles entscheidenden Tatbestand niemals akzeptieren würde. Stabilen Frieden findet man nicht im Verstand. Stabiler Friede liegt allem zugrunde und wird dann sozusagen freigelegt, wenn der Denker zur Ruhe kommt, bzw. ihm die Grundlage seiner Existenz genommen wird. Und diese Grundlage ist der Glaube. Der Glaube an uns selbst, der Glaube an mich als eigenständig funktionierendes und handelndes Wesen. Solange dieser Glaube an mich selbst, und mehr ist es nicht, existiert, kann es niemals Frieden geben. Die scheinbaren Ichs prallen immer wieder aufeinander in den verschiedensten Lebenssituationen. Kein Entkommen möglich. Doch ich existiere nicht so, wie ich dachte. Alles ist ein automatischer Ablauf, auf den niemand einen Einfluss hat. Dies zu verinnerlichen, ist Befreiung. Nicht die Befreiung für jemanden, sondern die Befreiung vom Glauben an ein Phantom. Diese, unsere Welt ist eine rein erdachte. Jedes Ich ist ein Gedanke und die einzige Wiedergeburt, welche es gibt... Wenn du wirklich Frieden willst, löse dich von jeder Vorstellung über dich und andere, es gibt sie nicht. Dies ist alles Bestandteil eines Spiels, welches wir unser Leben nennen. Das Spiel von ich und du. Erst mit der vollkommenen Vernichtung deiner selbst kehrt die Ruhe ein, die wir uns alle so sehr wünschen. In Wirklichkeit geschieht gar nichts, nur eine Vorstellung wird fallen gelassen, das ist alles. Die Welt macht weiter so, wie sie ist und sein soll. Kein Individuum und keine Person ändert irgendetwas am Ablauf des Lebens, allein aus dem Grund, weil es sie gar nicht gibt.

LOVE

Der Denker ist niemals still...

Wie stehst du dazu, dass es andere bewohnte Planeten gibt und unglaublich große Raumschiffe über uns, die wir noch nicht zu sehen bekommen haben?

Diese Dinge haben auch mich früher sehr interessiert. Aber jetzt ist für mich nur noch das relevant, was unmittelbar in meinem Erlebnis-Kosmos auftaucht. Nur dies und sonst nichts. Raumschiffe, andere Planeten und was weiß ich noch, sind mit Sicherheit möglich, andere bewohnte Planeten, auf jeden Fall.

Aber wir bewegen uns hier im Bereich der Spekulationen. Egal wo auch immer wir sind und wo auch immer ich sein sollte, ich bin hier und nehme wahr...von welchem Punkt aus auch immer. Dieses ganze Universum erscheint in dem, was ist. Ich bin das, worin es erscheint und nicht das, was erscheint.

Ich warte und warte, nur weiß ich nicht, worauf. Ich stelle mir die Frage, was genau hält mich davon ab, mal etwas zu tun, damit etwas ungewöhnliches in mein Leben tritt?

Der Denker, welcher glaubt du zu sein, der steht immer zwischen dem was ist und dem was seiner Meinung nach sein sollte. In Wahrheit passiert aber immer nur das, was geschehen soll und du hast keinen Einfluss darauf. Da ist auch niemand, der wartet... Da ist Existenz, vollkommen unpersönlich und diese Existenz drückt sich durch dich aus, benutzt dich sozusagen als Instrument. Alles ist genau so, wie es sein soll. Du brauchst gar nichts zu tun, alles wird sowieso getan, wann immer es erforderlich sein soll, nur eben nicht durch dich. Du bist absolut handlungsunfähig...alles geschieht ohne dich als Person.

Das Schlimmste für den denkenden Verstand ist es, nichts zu tun oder der Vorstellung zu unterliegen, nichts tun zu können. Das ist schlicht nicht auszuhalten für diesen Gedanken, der sich für dich hält. Was willst du tun? Was kannst du tun? Nichts... Der Denker sucht sich ein Betätigungsfeld, welcher Art auch immer, da kannst du sicher sein. Er muss das Gefühl haben, die Dinge in der Hand zu haben, der Macher zu sein, auf der Suche nach Antworten und dies auf Biegen und Brechen. So springt er wie ein Äffchen von einem Baum zum anderen. Stille ist für ihn ein Fremdwort, mit dem er so gar nichts anfangen kann. Ein jeder hat dies bestimmt schon das eine oder andere Mal gemerkt. Man möchte es sich so richtig gut gehen lassen, es gibt keine Probleme. Du machst dir einen Kaffee und setzt dich hin, um zu relaxen. Und schon geht es los. Der Denker lässt dir keine Ruhe, obwohl es doch gerade so schön ruhig war. Du kannst sicher sein, er erinnert dich an alles, was du nicht brauchst, manches vielleicht doch, aber eben nicht jetzt...keine Chance. Wenn man ihn doch einfach nur wie einen Lichtschalter abschalten könnte, an und aus ganz nach Belieben. Manche nennen dies dann Meditation, aber es ist auch nur eine Methode, um den Verstand ein wenig abzulenken und temporär zu beruhigen. Doch den Denker bringt nichts zum dauerhaften Schweigen, so viel ist sicher.

Solange an die Existenz dieses Phantoms geglaubt wird und man sich auch noch dafür hält, gibt es aus diesem Teufelskreis kein Entrinnen. Erst wenn der Baum der Persönlichkeit gefällt ist, tritt Ruhe ein. Nicht die vorgestellte Ruhe des Verstandes, Denken wird weiter geschehen. Nur ist da halt niemand mehr, welcher glaubt, dass er denkt. Wirkliche Ruhe und Frieden stellt sich ein, wenn der Denker schweigt. Dann ist Frieden selbst im größten Lärm. Ganz einfach, weil niemand mehr da ist, der es anders haben möchte, als es ist.

LOVE

Ich und das absolute Gewahrsein...

Es ist noch nicht lange her, da war es für mich völlig in Ordnung, an Engel, an einen Gott und an eine sich ewig weiterentwickelnde Seele zu glauben, bis von einem zum anderen Moment diese Vorstellung als völlig absurd verschwand. Was übrig blieb, war das genaue Gegenteil, nämlich "NICHTS". Alles wird seit dem in Frage gestellt. Das Konzept der Nondualität beschreibt es am ehesten. Da ist ein ja, das dem zustimmt, wobei ich nicht in diesem Gewahrsein bin. Ich habe eine Verständnis-Frage, die sich durch das ganze Thema zieht. Wenn Sie schreiben, Sie SIND das "Gewahrsein" und es gibt nur eines und es gibt niemanden außer Ihnen, wie kommt es dann, dass ich mich als Anja wahrnehme? Verstehen Sie mich nicht falsch, das eine "Bewusstsein" ist für mich das offensichtlichste, das zur Zeit für mich stimmig ist. Aber es gibt da doch diesen Widerspruch. Wie kommt es, das Sie sich All-eins /Alleine wahrnehmen, wenn Ihre Umwelt sich als Individuum mit einem eigenen Leben wahrnimmt - wie passt das zusammen? Wie wirkt sich das auf Ihren Alltag und Ihre Beziehungen aus?

Auch bei mir und meiner Frau hörte es von einem auf den anderen Tag auf...Engel, Reinigungen und andere wundervolle Spielereien, die alle so lange notwendig sind, wie es halt dauern soll. Nichts dagegen, es hat wie alles andere auch zum Teil doch viel Freude bereitet. Dieses Nichts und Alles in Frage zu stellen, ist eine ganz natürliche Reaktion. Es gibt da diesen Ausdruck Neti Neti, nicht dies, nicht das. Alles wird verneint, bis nichts mehr bleibt, gar nichts. Durch dieses Loch des Nichts geht jeder „ernsthafte Sucher", wenn alles zusammenbricht. Die Erkenntnis „alles ist Bewusstsein, es gibt nichts außer Bewusstsein" und es ist um mein Leben geschehen, so wie ich es mir dachte, glaubte und auch vorgestellt habe. Dieses Bewusstsein lebt und ist in allen Formen das selbe Bewusstsein. Nur durch die äußere Form und die Gedanken unterscheidet es sich scheinbar. Mein Leben und das meiner Frau unterscheidet sich in keiner Weise von dem Leben „anderer". Für mich gibt es weder den einen noch den anderen. Jede Situation ist so, wie sie ist...so, wie sie gerade sein soll und nicht anders. Unterhaltungen und das Leben geschehen so, wie es immer geschieht. Mit dem einen einzigen Unterschied: dass hier niemand mehr ist, welcher glaubt, ein Leben zu leben. Das ist alles. Die Vorstellung, eine Person zu sein, hat sich aufgelöst. Das Leben geht genau so weiter wie bisher, nur ohne mich, ohne den Denker. Es wird gedacht, gelacht, geweint und und und...alles geschieht. Der Alltag und die Beziehungen werden gelebt wie eh und je, nur ist halt niemand da, welcher in die Umstände hineingezogen wird. Wut und Trauer, Streit und die ganze Palette menschlicher Emotionen sind nach wie vor vorhanden, auch Angst. Alles da...innen jedoch, wenn man es mal so ausdrücken will, herrscht Stille. Ein Frieden, der unerschütterlich ist. Diese Dinge sind nicht einfach zu erklären, vor allem sind sie nicht willentlich herbeizuführen. Die Erkenntnis: kein Täter nur Taten, kein Denker nur Gedanken...kommt dann, wenn es an der Zeit ist, dann macht es klick. Das Leben wird nicht leichter, es wird einfacher. Das ist alles. Die Person funktioniert weiter in dieser Welt und es gibt weiterhin ein persönliches Empfinden. Dies ist notwendig, damit das Leben weiter so geschehen kann, wie wir es kennen. Nochmal... Das Ich wird bis zum Ende dieses Körpers funktionieren, dies ist notwendig. Allerdings weiß es nun, dass es nichts weiter ist als eine Spielfigur in einem Spiel, welches wir „unser Leben" nennen und somit keine eigenen Entscheidungen treffen kann. Es sieht immer nur so aus, als ob... Der eine weiß darum, der andere nicht...und das ist alles.

LOVE

Leben, wie es einfach ist....

Wir alle streben nach einem Leben ohne Leid und Sorgen. Ein besonderes Leben obendrein, welches sich vom Leben der anderen abheben soll. Wer möchte schon gewöhnlich sein...? Außergewöhnlich, danach strebt der Denker. Ein sorgen- und leidfreies Leben ist aber mit dem Verstand nicht zu realisieren. Besonders oder außergewöhnlich, das ist schon eher möglich. Zumindest suggeriert uns der Mind dies. Er lässt uns glauben, dass es möglich wäre. Dabei sind es allerdings nichts weiter als Luftschlösser, welche nicht mehr Wahrheitsgehalt haben als eine Fata Morgana...eine reine Luftspiegelung, die in Wirklichkeit gar nicht existiert. So hängen wir uns an etwas, das wir aus den verschiedensten Gründen übernommen haben, glauben und machen es zu unserem Lebensziel.

Es gibt in diesem Leben keine dauerhaften Zustände. Das Leben verändert seine Erscheinungen in einem jeden Augenblick, völlig unabhängig vom Mind. Der hat lediglich die Funktion, die Abläufe zu begleiten, dies ist sein Job. Wir, die wir uns für den persönlichen Macher oder die Macherin halten, sehen uns permanent Ereignissen ausgesetzt, denen wir glauben, etwas entgegen setzen zu können, ja müssen. Ein hoffnungsloses Unterfangen. Es ist der Kampf mit einem kleinen zerbrechlichen Holzschwert gegen riesige Windmühlenflügel. Niemand kann jemals das ändern, was gerade ist. Er hat keinerlei Einfluss. Es sieht immer nur so aus, als ob. Ohne die Erkenntnis deiner

Nicht-Existenz wirst du weiter im Strom des Glaubens an deine Person dahin schwimmen, mit der festen Überzeugung, der Macher deines Lebens zu sein. Dies ist durchaus gewollt, denn das Leben, so wie wir es kennen, wäre ohne diese Personen (Egos) gar nicht möglich. Wenn das Ego allerdings als das erkannt wird, was es ist, eine reine Spielfigur ohne eigenen Antrieb, verlässt dich der Glaube an dich selbst. Der Glaube an den Denker, welcher dir die ganze Zeit eingeredet hat, du zu sein. Jetzt stellt sich so etwas wie eine Freiheit ein. Nicht für die Person, da weder eine Person noch sonst was persönliches existiert. Nur Wahrnehmung allein ist und die ist absolut unpersönlich. Das Leben drückt sich aus, das ist alles. Ein jeder Ausdruck des Lebens ist einfach so, ohne jede Bedeutung. Das Leben braucht keine Bedeutungen oder Erklärungen. Es ist und dies ist ihm schlicht weg genug. Die unerträgliche Leichtigkeit, das Leben so zu nehmen wie es ist, wird jenen zuteil, welche von sich selbst lassen können. Sie haben nichts dafür getan. Es wurde ihnen geschenkt und zwar trotz ihrer Bemühungen, egal welcher Art auch immer sie gewesen sein mögen. Das Leben laufen zu lassen, wie es eben läuft, ist eine Gabe, ein Geschenk des Lebens an sich selbst.

Du siehst zum ersten Mal, wer du wirklich bist und in diesem klaren Sehen bist du verschwunden. Alles was bleibt, ist das was ist, was immer schon war und immer sein wird.

Das Leben selbst...

LOVE

Wir lieben alle so sehr das Berührt-Sein

Nichts in dieser Welt lohnt es, berührt zu werden. Alles, was du berührst, alles woran du dein Herz hängst, wird zu Asche. Es verfliegt schneller, als du schauen kannst. Eine kurze Freude, ein kurzes Glück und der Spuk ist vorbei. Mögen helle oder dunkle Wolken in deinem Erlebnis-Kosmos erscheinen. Es spielt keine Rolle. Alles geht vorbei. Was bleibt dir zu tun...?Absolut nichts. Du kannst weder etwas tun noch nichts tun, allein aus dem Grund, weil sich weder jemand noch niemand einem Tun oder Nichttun entziehen könnte. Alles geschieht sowieso.

Alles in der Welt lohnt sich, berührt zu werden. Aus tiefstem Herzen und mit voller Liebe. Auch das kurze Glück, das zu tun, im Wissen, dass es wieder verschwinden wird ist die Liebe selbst.

Ja und ja, meine Liebe, die Frage ist nur: wer wird berührt von was auch immer? Ob das Glück jetzt kurz oder lang ist, spielt eigentlich gar keine Rolle... Fakt ist, es geht vorbei und niemand hat einen Einfluss darauf, ob er dieses Glück in den Händen halten kann oder eben nicht. Jede Berührung ist ein Geschenk, darum geht es nicht. Sich in diesem Berührtsein allerdings zu verlieren und dabei den Urgrund all dessen zu vergessen, was wirklich ist, dies ist der Fall ins Leid, welchem die an sich selbst glaubende Person ausgesetzt ist.

Werner hat mal geschrieben, dafür, jetzt vorm Spiegel zu stehen und sein Haar zu kämmen, hätte sich der ganze Traum gelohnt. Deine Moni zu berühren, oh, ich schätze, das ist göttliche Unterhaltung...

Ja, dafür hat sich der Traum gelohnt, mein Lieber. Die Frage ist einfach nur, für wen sich dieser Traum lohnt? Meine Moni zu berühren und von ihr berührt zu werden, gehört sicherlich zu den schönsten Dingen, die das Leben so für mich in meinem Erlebnis-Kosmos bereit hält. Da ist sehr, sehr viel Dankbarkeit für dieses Erleben. Geht es doch im Leben um nichts anderes. Denn wenn es nicht so aussehen würde als ob, würde das Leben wahrscheinlich gar nicht diesen Aufwand betreiben... Es ist sowieso alles göttliche Unterhaltung. Alles ist ein Spiel des Bewusstseins mit sich selbst. Alles ist nur ein Traum, eine wie Werner es ausdrückte..."Gigantische Simulation".

Was das Haare kämmen anbelangt: Für Werner hatte sich hier der Traum gelohnt, für mich mittlerweile nicht mehr. So ist das. Und schon sind wir wieder bei den persönlichen Sichtweisen.. What a game...

LOVE

Die einfache Erkenntnis

Ist es nicht erstaunlich, dass etwas, das eigentlich nicht existiert, versucht, etwas, egal welcher Art auch immer, zu transzendieren? Da sollen Zwänge und Muster beseitigt werden, um erwünschte Zustände zu erreichen. Doch was haben wir schon in der Hand? Alles ist in diesem Augenblick so, wie es sein soll. So und nicht anders. Du stehst in der Wüste und bist durstig. Dann rennst du, weil du diese Luftspiegelung siehst...Wasser, Palmen, eine grüne Oase voll Schönheit und Hoffnung. Du rennst immer schneller, weil dir die Zunge schon aus dem Hals hängt. Du bist so durstig und dann... Nichts, rein gar nichts. Nur Sand... Nichts weiter als Sand. All deine Hoffnung ist zerstört, dein Glaube und was nun? Glaubst du, dass es sich in diesem Leben anders verhält? Du denkst und denkst, du glaubst es, du glaubst deinen Träumen, deinen Gefühlen... Doch da ist nichts. In dieser Welt ist nichts weiter als Sand. Wohin du auch gehen magst... Nur Leere in deiner Hand. Lebe deine Träume, genieße sie, sei mit ihnen, erfreue dich an ihnen, mach was du willst. Doch was kannst du als rein erdachte Traumfigur schon bewirken...? Ein Traum ist ein Traum. Nicht mehr und nicht weniger. Die Welt ist wie sie ist und nicht, wie wir über sie denken und sie uns wünschen. Alles in diesem Leben ist genau so, wie es sein soll. Fängst du an, darüber nachzudenken, entfernst du dich scheinbar von dem, was im Grunde du selbst bist. Der Traum von dem, was du denkst zu sein, ist deine Fessel und sie suggeriert dir eine Welt, welche es so noch nie gab und nie geben wird. Lediglich in deiner Vorstellung.

Die einfache Erkenntnis, einfach das sein zu können, was man gerade ist, befreit von so manchen Hirngespinsten. Egal, welche Situation auch immer sich in unsrem Erlebnis-Kosmos gerade ereignen sollte...es kann nicht anders sein, als es in diesem Augenblick ist. Wie oft schon habe ich versucht, mich dem zu widersetzten. Doch was nützt es... Du kannst dir mental das Hirn dermaßen verrenken, dass du scheinbar einen Knoten bekommst, es nützt nichts. Die Kassiererin kassiert nicht schneller, im Stau passiert gar nichts, du stehst und stehst und stehst...egal ob dein Puls mittlerweile bei über 200 angekommen ist. Und deine Frau oder dein Mann vögelt munter mit dem Kollegen oder der Nachbarin, ob es dir nun passt oder nicht. Du verlierst deinen Job... Zum guten Schluss wirst du auch noch krank. Was von alledem konntest du verhindern? Gar nichts. Es ist wie es ist... „Ja toll, sonst noch was... Niemals...!" wird der Verstand, in Form des Denkers, sagen und aus seiner Sicht ist dies ja auch absolut unannehmbar. Doch es hilft alles nichts...Tatsache ist, dass die Dinge genau so sind, wie sie sein sollen. Wenn wir alle mal unsere rosarote Brille abnehmen und auf das schauen, was wirklich ist, müssten wir eigentlich erkennen, dass wir am Ablauf dessen, was ist, nichts aber auch gar nichts ändern können. Sicher ist dies frustrierend und kann sehr weh tun bei persönlicher Betroffenheit. Doch mit der Erkenntnis deiner persönlichen Nicht-Existenz mag da vielleicht noch ein wenig Betroffenheit sein...aber nur noch ein klein wenig. Denn du weißt: es gibt nichts außer Bewusstsein, die Dinge können nicht anders laufen, als sie sollen... Mich als Person hat es tatsächlich nie so gegeben, wie ich dachte.

LOVE

Die Welt jenseits des Denkers...

Jesus sprach: *„Ich werde Euch geben, was kein Auge gesehen und was kein Ohr gehört und was keine Hand berührt und was kein menschlicher Geist sich je erdacht hat."*
Thomas Evangelium (17)

Dies ist eine so gewaltige Aussage von Jesus, welche allerdings mit dem Verstand nicht zu ermessen ist. Hier ist etwas gemeint, das der Denker nicht im Ansatz verstehen kann. Was will Jesus den Menschen, insbesondere seinen Jüngern geben...wenn es doch eigentlich nicht zu begreifen ist?
Hier muss man wirklich mal an die Wurzel gehen, die Wurzel aller Existenz und dies ist gar nicht so einfach. Besteht doch unser ganzes Leben hauptsächlich aus Einbildungen, Glauben, Vorstellungen oder wie auch immer wir das nun nennen mögen. Ohne einen Gedanken wäre schlicht nichts und doch, wenn man an die Wurzel eines jeden Gedankens geht, kommt man genau dahin, an den Ursprung. Der Ursprung ist der Ich-Gedanke... Es ist immer Ich, was sieht, so oder so. Ich sehe, ich höre, ich rieche usw...dazu kommt noch dieses Gefühl, im Mittelpunkt einer Welt zu stehen und vollkommen eigenständig zu handeln. Alles bedingt durch diese Ich-Vorstellung. Sie kreiert uns diese eingebildete Persönlichkeit, die wir glauben zu sein.
Jesus spricht hier von einer anderen Ebene, sozusagen jenseits der Gedanken, der persönlichen Gedanken. „Ich werde euch geben, was kein menschlicher Geist sich je erdacht hat."...und da ist es, das Unaussprechliche. Jeder, der es erfahren hat, will es mitteilen...doch sprechen kann er es nicht. Warum...? Du weißt nun wirklich, wer du bist, jenseits der Illusion, doch ist es mit dem Verstand nicht zu begreifen, also auch nicht zu vermitteln. Der Verstand ist nur ein Hilfsmittel...mehr nicht. Er ermöglicht Kommunikation, damit es so aussieht, als ob sich hier Personen unterhalten. Das ist es. Er ermöglicht dieses Weltenspiel erst. Der Urgrund allen Seins ist still...Bewusstsein. Bewusstsein in Ruhe und in Bewegung. Das ist alles, was passiert. Ist das Bewusstsein in Ruhe, dann ist gar nichts. Bewegt es sich, dann

erscheint die Welt. Niemand hat einen Einfluss darauf, ob und wann die Welt erscheint. Sie erscheint, wenn sie erscheint oder eben nicht.

Jesus möchte seine Jünger einfach davon überzeugen, dass es mehr gibt als das, was sich der Verstand den lieben langen Tag so zurecht spinnt. Und da kommt einiges zusammen. Unsere ganze Welt, von der Geburt bis zum Tod, ist aus Vorstellung und Glauben zusammengesetzt, Geschichten über Geschichten. Den tatsächlichen Ablauf, den Fluss hier und jetzt, bekommen nur die wenigsten mit. Ein jeder und eine jede flüchtet sich in die Träume des Alltags, seien sie nun angenehm oder unangenehm. Daran ist nichts Verwerfliches, alles ist sowieso Bestimmung. Also auch der mieseste Tagtraum oder der geilste, wie auch immer, alles determiniert. Doch wie Jesus es so schön auf den Punkt bringt, man kann dahinter schauen, hinter diese vermeintliche Welt und dann sieht man eigentlich gar nichts mehr. In der Erkenntnis:..."Kein Täter nur Taten. Ich existiere nicht." wird die Welt leer. Der Spiegel spiegelt nichts mehr. Nichts wird mehr gedanklich festgehalten. Ist der Denker verschwunden, erscheinen die Dinge, egal welcher Art und verschwinden wieder. Das ist alles. Übrig bleibt eine Welt ohne Kommentator. Dieser Kommentator, genannt der Denker, welcher uns unser ganzes Leben immer irgendwas erzählt hat. Nun ist es still, da ist ein Gedanke und gut ist es...der nächste und fertig. Da ist aber kein innerer Dialog mehr, lediglich Stille. Das ist damit gemeint, wenn man sagt: Sei still. Nicht irgendeine eingebildete Stille, die man vielleicht glaubt, in der Meditation erreicht zu haben. Da ist der Denker schneller wieder zurück, als einem lieb sein kann. Nein Stille ist, wenn du nicht bist. So einfach ist das.

Denn alles ist genau so, wie es sein soll...ohne dich ist Frieden, Stille. In der Tat hat dies noch kein Auge gesehen, kein Ohr gehört und keine Hand berührt. Es ist gleichzusetzen mit den Zen-Sprüchen der alten Meister: Sehen ohne Augen, Hören ohne Ohren, Sprechen ohne Mund usw. Das, was ist, ist unaussprechlich. Und doch gibt es keine andere Möglichkeit, als eben durch das Hilfsmittel der Worte auf das zu verweisen, was wirklich ist. Die Worte, dieser Verstand sind nicht getrennt, sie sind genauso Erscheinungen im Bewusstsein wie alles andere auch. Jedes einzelne Wort (Gedanke) ist nichts anderes als der Ausdruck dieses Bewusstseins. Doch der Kommentator, der Denker hat keinen Einfluss auf das Spiel, er macht es lediglich erfahrbar. Spannend, interessant, amüsant oder auch nicht... Das was hier tatsächlich abläuft, das ist das, was ist. Ohne den Beigeschmack der Vergangenheit. Jeder Kommentar ist vergangen. Jeder Gedanke hinkt immer hinterher. Wir, die wir uns für diese Gedanken halten und glauben, sie zu sein...in Form dieser Person, leben praktisch nur in der Vergangenheit. Niemals wurde von einer an sich selbst glaubenden Person das Licht der Gegenwart gesehen.

LOVE

Sorgenfreies Leben...

Viele von uns wünschen sich ein sorgenfreies Leben, möglichst ohne Leid und damit verbunden auch keinen Schmerz. Wenn möglich, auch noch ewiges Glück und dauernde Seligkeit.
Wie soll das denn bitteschön möglich sein? Bei einer ehrlichen Betrachtung muss man zu dem Schluss kommen, dass niemand in der Lage sein kann, das zu erreichen. Wir alle streben danach, doch kenne ich keinen und so weit ich weiß gibt es auch niemanden, der so einen dauerhaften Zustand jemals erfahren hat. Wie sieht es dann mit Frieden aus, möglichst dauerhaft? Mit dem Frieden ist es genau das selbe. Dauerhafter Friede in dieser Welt hier ist nicht zu erreichen. Hier ist alles ein Wechselspiel der Dualität. Alles muss seine Gegensätze haben, um erfahrbar (sichtbar) zu sein. Wirklich interessant wird es erst dann, wenn die vermeintliche Person, welche ja maßgeblich an diesen angenehmen Zuständen interessiert ist, erkennt oder besser sieht, wer sie in Wirklichkeit ist.
Meistens beginnt die Suche nach unserem Zuhause, wenn uns schwere Schicksalsschläge treffen, wenn es das Leben halt nicht

so gut mit uns meint, das Glück oder der Partner uns verlässt und die Geldprobleme uns über den Kopf wachsen. Gründe gäbe es genug. Ursächlich hierfür ist aber immer das nicht Einverstandensein mit der jetzigen Situation, so viel ist klar. Nun begibt man sich auf die Suche, liest spirituelle Bücher, besucht Satsangs, man meditiert oder versucht was auch immer möglich ist, um ewigen Frieden und ein sorgenfreies Leben zu erhaschen. Du kannst versuchen, was immer du willst, du wirst scheitern. Alles was du auch unternehmen magst, ist zum Scheitern verurteilt. Es gibt keinen perfekten Weg. Wenn er auch noch so verlockend aussehen mag. Erst wenn du gescheitert bist und zwar in jeder Hinsicht, du sozusagen am Ende angelangt bist, wenn du vollkommen am Boden liegst, dann wirst du vielleicht eine Ahnung davon bekommen, was du wirklich bist und nicht was du glaubtest, zu sein.

In dieser Hilflosigkeit, die dir als Person keinerlei Spielraum lässt, kannst du sehen, dass du gar nicht existierst, so wie du dachtest. Du hast zwar einen freien Willen, der aber bei genauer Betrachtung nichts Wert ist, da du komplett vom Leben gelenkt wirst. Die Handlungen werden durch dich als Instrument ausgeführt, nicht mehr und nicht weniger. Du hast somit nichts in der Hand und wirst zu hundert Prozent gelebt. Allein diese Tatsache befreit dich und gibt dir Frieden. Nicht einen Frieden, der von deinen Vorstellungen und Wünschen abhängt, sondern den Frieden, welcher allem zugrunde liegt, der nicht kommt und nicht geht. Dieser Frieden, der du selber bist, kennt gar nichts von Frieden. Er offenbart sich jenen, welche bereit sind, von sich selbst zu lassen. Es ist nicht einfach für den Denker, der sich für die Person hält, das aufzugeben, was er sein Leben lang glaubte. Aber mehr als ein Glaube ist es nicht. Und dieser Glaube hat dich die ganze Zeit an der Nase herumgeführt. Dieser Denker, diese Gedanken für die du dich hältst, sind der Grund für all dein Leid, deine Sorgen. Ist dieser Denker entlarvt, wirst du einen Frieden spüren wie nie zuvor, immerwährend und unumstößlich.

Nicht dass nun alles rosarot ausschaut und wir nur noch selig Harfe spielend umher laufen, nein ganz im Gegenteil. Die Lebensumstände verändern sich ganz und gar nicht. Alles läuft genauso wie bisher, mit dem einen kleinen Unterschied. Deine Sichtweise hat sich radikal verändert. Ganz einfach, weil die Vorstellung von dir nicht mehr vorhanden ist. Hier ist niemand, welcher eine rosarote oder rabenschwarze Brille aufsetzen, geschweige denn auf irgendetwas Einfluss nehmen könnte. Alles wird getan, was erforderlich ist. Niemand tut etwas und niemand unterlässt es, etwas zu tun. Alles geschieht so, wie es geschehen soll. Nur der denkende Kommentator, der uns das Leben zur Hölle machte, ist nicht mehr da. Gedanken ja, was soll's...lass sich denken, was es will. Ich bin aus allem raus, selbst wenn ich mittendrin bin. Unerschütterlicher, stabiler Friede begleitet mich und verlässt mich auch nicht mehr. Verlassen kann mich nur etwas, das der Zeit unterliegt, einen Anfang und ein Ende hat. Dieser Friede aber, der die reine Liebe ist, der hat weder einen Anfang noch ein Ende, er ist zeitlos hier, die ewige Gegenwart.

LOVE

2. Begegnung mit dem wahren Meister

Lieber Werner...

...nun ist die Zeit des Abschieds gekommen, zumindest auf dieser körperlichen Ebene. Es war im Jahre 2009, als ich dir zum ersten Mal „virtuell" begegnete. Ein Talk aus Bremen auf YouTube hatte meine Aufmerksamkeit erregt. Er wurde auf der Online-Plattform Jetzt-TV veröffentlicht. Ich wusste erst so gar nicht, was ich mit dir anfangen sollte. Diese charismatische Art hätte ich mir gar nicht bei einem sogenannten spirituellen Meister vorgestellt. Doch irgendwie kam ich nicht mehr von dir los. Deine Kernaussagen: „Es gibt keinen persönlichen Täter. Taten geschehen aber es gibt keinen Handelnden. Es gibt nichts außer Bewusstsein." fielen bei mir auf fruchtbaren Boden. Hatte ich diese Botschaften doch auch schon bei den mir so sehr ans Herz gewachsenen Nisargatta Maharaj und Ramesh Balsekar gelesen und förmlich aufgesogen. Als ich dann auch noch erfuhr, dass du bei Balsekar in Indien warst, war es um mich geschehen. Ich ging sofort in das (zu dieser Zeit noch unentgeltlich) von dir angebotene Text-Abo und genoss den damit verbundenen Austausch mit dir. Der Austausch mit dir, lieber Werner, hat mein Leben radikal verändert. Im Oktober 2010 fragtest du mich zum ersten Mal, ob ich nicht selber Talks geben wolle und ob ich eine Webseite hätte, du würdest sie gern auf deiner Webseite einbinden. Werner, sagte ich dir, die Frage stellt sich im Augenblick gar nicht für mich. Über zwei Jahre genoss ich dein Abo und die damit verbundene Korrespondenz. Ein Dialog mit dir ist mir in bleibender Erinnerung. Ich schrieb dir:
„Gestern ist es mal wieder passiert, ein Wutanfall heftigster Art und Weise. Es kam wie die Welle im Meer, mein Körper-Verstand hatte keine Möglichkeit, ihm zu entgehen. Ich habe es genau beobachtet. Es war eine Reaktion auf eine Gegebenheit, die sich ereignete...

Robert Adams sagt: In dem Maße wie man reagiert, kann man feststellen, inwieweit man mit dem Körper-Verstand verwurzelt ist. Also: Reagiere nicht!

Das kann ich echt nicht nachvollziehen. In solch einer Situation ist absolute Hilflosigkeit. Mir ist klar, dass Wut genauso wie alles andere eine Erscheinung im Bewusstsein ist, welches alles ist, was es gibt. Trotzdem, lieber Werner, würde es mich sehr interessieren, wie du der Wut begegnest?"

Antwort Werner: *„Wenn sie sich so manifestiert, so wie du es beschreibst, lebt sie sich selbst. Da sich niemand schuldig fühlt und auch kein Verursacher der Wut beschuldigt wird, verschwindet sie so, wie sie kam. Wer also sollte reagieren oder nicht reagieren. Herzlichst, Werner."*

Diese Aussage, lieber Werner, befreite mich total. Sie schlug ein wie ein Blitz. Das Ergebnis war für mich die Ernüchterung pur. Alle spirituellen Konzepte lösten sich in Wohlgefallen auf und übrig blieb das, was ist. Das ganz gewöhnliche menschliche Leben. Dann hörten wir eine Zeit lang nichts voneinander. 2012 kam eine Mail von dir: *„Vielleicht gibt es gar nichts zu sagen."* und einige Monate später: *„Manchmal denke ich an dich und dann muss ich lächeln, wenn ich es nicht schon vorher tat."* Tja, lieber Werner, du warst nie wirklich weg. Der Kontakt zwischen uns riss nie wirklich ab, wenngleich wir uns bis dato immer noch nicht persönlich begegnet waren. Später trafen wir uns dann auf der Online-Plattform FB wieder. Und 2016 fragtest du mich wieder, warum ich keinen Satsang gebe. Meine Antwort war einfach: Die Frage stelle sich nach wie vor nicht, aber ein Buch könne ich mir vorstellen. Du sagtest: *„OK, schick mir das Skript. Ich schreibe gern das Vorwort."* Was du dann auch für mein erstes Buch „Hallo! Hier spricht das Leben" in wundervoller Weise gemacht hast, so liebevoll und voller Herz. Nachdem ich dir das Skript schickte, hast du noch am selben Abend geantwortet und warst so angetan von der Tatsache, dass wir uns bis zu diesem Zeitpunkt noch nie persönlich begegnet waren. Am nächsten Tag kam dann deine Einladung nach Brackenheim, welche ich natürlich sehr gerne annahm. Es sollte aber aufgrund meiner gesundheitlichen Einschränkungen erst August 2017 werden, als wir uns endlich persönlich gegenüberstanden. Für mich war es gar kein großer Unterschied, warst du mir doch eigentlich immer schon so nahe. Ich bin dennoch froh, dir auch persönlich begegnet zu sein, obgleich sich für mich nicht so viel geändert hat.

Als mein letztes Buch „Und täglich spricht das Leben" erschien, schrieben wir uns wieder einmal. Ich erzählte dir von meinem Traum, in welchem du das Nachwort geschrieben hast und du sagtest sofort: *„Dann ist es klar. Schicke mir das Skript, ich mache es."* Dummerweise war das Buch schon veröffentlicht. Also sagtest du spontan... *„Dann mach ich es beim nächsten."* Ja, lieber Werner, dazu sollte es wohl nicht mehr kommen...

Ich hätte nie gedacht, dass dein Tod mir so nahe geht, auch Moni geht es so. Wir hatten eine wunderschöne Zeit in Brackenheim, bei dir in den Weinbergen. Und wer dich einmal gesehen hat und dich persönlich erlebt hat, weiß, dass du so voller Liebe und Mitgefühl bist, auch wenn du vielleicht manchmal etwas schroff rüberkommst. Doch ich weiß, du bist die Liebe selbst. Ein Toter zu Lebzeiten, wie ich es kurz nach meinem Besuch beschrieb. Du, lieber Werner, hast mich nie festgehalten, hast mich 2011 gehen lassen, als ich gehen wollte...gehen musste. Du wusstest, ich kann nicht anders. Diese Spielfigur Reimund muss genau das jetzt erfahren, was sie erfahren soll. Wir haben keinerlei Handlungsfreiheit, es sieht immer nur so aus, als ob. Dein Großmut und deine Toleranz sind unvergleichlich. Und doch, oftmals waren wir nicht einer Meinung. Vor allem, wenn du den Schüler Reimund ein wenig zurechtgewiesen hast. Zweimal habe ich dich auf FB blockiert. Und so haben wir die eine oder andere Disharmonie überstanden. Aber nicht nur das: In Schmerz geplagten Zeiten erhielt ich häufig eine Mail von dir, in welcher du dich nach meinem Befinden erkundigtest. Du spürtest, wenn es mir schlecht ging und warst stets voller Liebe mit mir. Kurz vor deinem Tod hast du mich noch einmal angeschrieben. Du hast mir einige Empfehlungen bezüglich meiner Autorentätigkeit ans Herz gelegt. Heute allerdings ist mir klar, dass du so etwas wie eine Vorahnung hattest... Du hattest dich ja schon mehr und mehr von FB und aus der Öffentlichkeit zurückgezogen, einige Bücher neu aufgelegt und das letzte Buch deiner Tetralogie, das radikalste von ihnen, das Crash-endo, wie du es nanntest, war schon geschrieben und sollte 2019 erscheinen.

Früher hatten wir diesen „unpersönlichen" Kontakt und nun, nach deinem Ableben ist es genauso. Doch du bist ja da, Gott gewordene Unendlichkeit in diesem gegenwärtigen Augenblick. Lieber Werner, du warst und bist etwas Besonderes für mich, ein wahrer Meister. Ich sagte mal zu dir: „Du bist der Weg, die Wahrheit und das Leben." und du antwortest: *„Wer Werner sieht, sieht gar nichts. Doch wer den sieht, der mich gesandt hat, der sieht alles."* Ja, dein Schüler war ich...das nehme ich sehr, sehr gerne an. Deinen Spirit habe ich aufgesogen wie ein trockener Schwamm das Wasser.

Lieber Werner, ich danke dir so sehr für alles. Du hast mir die Freiheit von der Freiheit gegeben. Mit Haut und Haaren hast du mir meinen Kopf abgetrennt...nichts, aber auch gar nichts mehr ist übrig geblieben. Und mit deiner letzten Unterweisung am 23.12.2018 hast du dich selbst übertroffen. „Süßer die Glocken nie klingen"...so kündigtest du deinen nächsten Post auf FB für den 24. Dezember an. Doch es sollte dein „Crash-endo" werden. Du, lieber Werner bist nun nicht mehr hier, in deiner irdischen Form. Doch dein Spirit lebt weiter in all jenen, die bereit waren und sind, diesen Spirit aufzunehmen. Ich erinnere mich an die Worte von Jesus „Ich hinterlasse euch meinen Frieden." Deine vielen, vielen Texte und deine zahlreichen Bücher sind von so unschätzbarem Wert für den nach Wahrheit dürstenden Geist. Ein Juwel, das erst jenen offenkundig wird, welche in der Lage sind, seinen strahlenden Glanz zu erfassen. Blendwerk gibt es zuhauf, doch dieses Juwel ist von solcher Reinheit und Klarheit. Und es bedurfte der Person Werner Ablass, um jene abzuschrecken, für welche es nicht gedacht ist. Gott verkleidet sich halt gerne und spielt seine Spiele mit sich selbst. Und eines seiner genialsten Streiche war diese Spielfigur Werner Ablass. Danke, lieber Werner, dass wir zusammen spielen durften. Mach es gut! Auf ein neues Spiel, irgendwie, irgendwo, irgendwann...

In Liebe, Reimund

Begegnung mit dem wahren Meister...

Die folgenden Zeilen schrieb ich im Sommer 2017, nach meinem Besuch bei Werner.

Ich schrieb einen Text in meinem Buch „Hallo!...Hier spricht das Leben", da geht es darum, dass der Tod der wahre Meister ist. Der Text entstand nach dem Tod meiner Mutter im Februar 2016.

Dem wahren Meister zu begegnen und ihn anzunehmen, ist ein Geschenk, ein Geschenk von so unglaublichem Ausmaß, dass es einem den Atem verschlägt. Nichts ist mit dem vergleichbar, was der Tod mit einem macht. Er löscht dich und dein vermeintliches Leben vollkommen aus. Zurück bleibt nichts...nur dies...

Selbiges konnte ich auch in der Präsenz von Werner Ablass erfahren. Bei einem Besuch im schönen Brackenheim, einer herrlichen Gegend mit Wein-Anbau in Baden Württemberg, seinem Zuhause. Werner ist ein wahrer Meister, voller Liebe, doch auch stark und radikal. Er zieht dir den Boden unter deinen Füßen weg, den du glaubst zu betreten. Werner ist keine Person im herkömmlichen Sinne... Er ist ein lebender Toter, wenn man es so nennen will. Er redet, und das mit einer Stärke und Vehemenz, die ihresgleichen sucht und doch ist er total still. Tote sprechen nicht. Das Leben spricht durch sie. Als Mensch, als Person gestorben, eine Offenbarung des Lebens, ja Gott an sich. Wer Werner an dem misst, was er zu sehen und über ihn zu wissen glaubt, hat nichts, aber auch gar nichts verstanden. Werner ist nicht zu verstehen oder gar zu begreifen. Er ist ein wahrer Meister. Dies wird nur jenen offenbar, welche bereit und offen sind, seinem, wie er es nennt: „Yoga der Worte" zu lauschen. Eine unglaubliche Erfahrung für jene, welche sich darauf einlassen können. Hier macht die Wahrheit, die sich in jedem seiner Worte offenbart, frei. Eine Wahrheit, offenbart von Gott selbst, durch diesen Körper, der sich Werner Ablass nennt. Was für eine Liebe, was für eine unglaubliche Stille... Ein Besuch bei ihm ist dermaßen erfüllend und erfrischend wie ein Bad im reinsten Wasser für den nach Abkühlung lechzenden

Geist. Hier wird der Durst eines jeden Wahrheitssuchers gestillt, wenn er denn bereit ist, genau hinzuschauen und sich nicht durch die Erscheinung und Verhaltensweise abschrecken lässt. Werner ist mit dem Verstand nicht zu begreifen, nur mit dem Herzen. Er ist wie ein Vulkan, ein Ausbruch der Wahrheit der alles mit sich reißt, was sich ihm in den Weg stellt und gleichzeitig so liebevoll wie eine Mutter, die sich um ihr einziges Kind sorgt. Ich bin dankbar und voller Freude, dass er mit mir ist. Osho hat mal gesagt „Nun ist die Zeit gekommen, da ihr mich nicht mehr Meister nennen sollt, sondern euren Freund. Ich wollte eh niemandes Meister sein." Werner, du bist natürlich mein spiritueller Meister, ganz klar. Aber viel mehr als das, ist es die Bruderschaft im Geiste und die damit verbundene Freundschaft, die uns verbindet.

Denn wer Augen hat, der sehe...mit dem Blick der Weisheit und nicht mit dem verklärten Blick eines Mind, welcher nichts anderes zu sehen vermag als seine eigene Verwirrung.

LOVE

Hat der Meister dir gut getan...?

Da fragte mich mal jemand: „Und hat Werner dir gut getan?" Mein Gott, was soll das denn...?

Also, wenn Werner, gemeint ist Werner Ablass, mir gut getan hätte, wäre ich garantiert nicht über zwei Jahre im intensiven Austausch mit ihm gewesen und dieser Kontakt hätte nun nicht schon gute acht Jahre Bestand. Was haben diese Leute, und sie glauben tatsächlich, etwas erkannt zu haben, was auch immer frage ich mich...was haben diese Leute nur für Vorstellungen? Werner kann einem nicht gut tun in dem Sinne, wie es der Mind versteht. Wenn erst mal die Desillusionierung in vollem Gange ist, wird einem so richtig der der Boden unter den Füssen weggezogen. Dies ist nicht unbedingt mit einem Wohlgefühl verbunden. Der Verlust der Illusion eines persönlichen Lebens befreit dich nämlich nicht, wie fälschlicher Weise angenommen wird, von den Umständen, nein auf gar keinen der Fall... Du kommst lediglich zu dem Schluss, dass es niemanden gibt, welcher etwas persönlich erlebt, das ist alles. Wir gehen zum Guru oder Meister und erhoffen uns ein Allheilmittel gegen alle Probleme, die da so auftauchen, ewigen Frieden, Entspannung und natürlich ein schöneres, besseres und komfortables Leben... Ein wahrer Meister gibt dir jedoch nichts, er nimmt dir alles. Das, was er dir nimmt, sind deine Vorstellungen von dem, wie es ist und sein sollte. Alles was du verlieren kannst und verlieren wirst, sind dein Glaube und deine Vorstellungen. Hätte ich also bei Werner Ablass ein Wohlgefühl erhalten, welches für viele ja so eine große Bedeutung hat...was hätte das genutzt? Ich befand mich damals in einer mehr als misslichen Lage, hier hätte mir Trost am allerwenigsten weiter geholfen. Hier half nur die radikale Ernüchterung und das damit verbundene Aufwachen aus dem Traum der persönlichen Täterschaft. Die Erkenntnis, nicht zu existieren wie du dachtest, lässt dich erst einmal brutal auf den Boden der Realität fallen. Du prallst auf aus schwindelnden Höhen und dieser Aufprall ist so hart, dass dir im wahrsten Sinne Hören und Sehen vergeht. Es ist sehr schmerzhaft, von lieb gewordenen Gewohnheiten zu lassen. Und es geschieht automatisch... Der Meister stößt dich lediglich ein wenig an. Er weiß ganz genau, wo er den Hebel ansetzen muss, um die Illusion der Person zu zerstören. Es ist ein Sterben, das damit verbunden ist, das Sterben der Illusion der persönlichen Täterschaft. Mein ganzes Leben ging sozusagen den Bach runter. Alles nichts weiter als eine erdachte Geschichte, längst vorbei....aus und vorüber. Da steht man nun vollkommen nackt, schaut sich um und sieht nun das, was ist und nicht mehr das, was man sich so vorgestellt hat. Sein ganzes Leben sah man ja nur die eigenen Vorstellungen. Viele meinen, wenn sie nun etwas erkannt oder etwas in Büchern gelesen und verstanden zu haben glauben, sie hätten das Ei des Columbus gefunden. Weit gefehlt. Ihnen wird in den entscheidenden Situationen dieses Lebens noch Hören und Sehen vergehen, spätestens in der letzten aller Ereignisse...der sogenannten letzten Stunde dieses Körpers. Da lässt bekanntlich ein jeder oder eine jede die Hosen herunter und zwar weder freiwillig noch unfreiwillig. Es geschieht, da machst du nichts.

Mich hat die Lehre von Nisargadata Mahaj und Ramesh Balsekar schon immer fasziniert. Hier geht es in beiden Fällen nicht ums Gut-tun und Wohlgefühl, sondern schlicht um die Wahrheit. Und die Wahrheit besteht darin, das Falsche als falsch zu erkennen. Selbsterforschung kann dabei sehr hilfreich sein. Dies ist eine Art der Überprüfung, ob denn da tatsächlich jemand ist, der hier ein Leben lebt oder ob vielleicht alles nur Reaktion ist. Werner Ablass hat dies von seinem Meister Ramesh Balsekar empfohlen bekommen und da es auf fruchtbaren Boden fiel, empfahl er es weiter...genau so wie ich. Ich bin Werner sehr dankbar dafür, dass er mich dahin führte, alle Illusionen zu durchschauen...inklusive der größten aller Illusionen, den Tod. Nein, das hat nichts mit einem Wohlgefühl zu tun. Es ist eher eine komplette Ausnüchterung vom Rausch des Lebens. Wie Jesus es mal sagte: „Ich kam in diese Welt und fand sie alle betrunken." Ja, wir sind alle betrunken vom Glauben an uns selbst. So ist diese Welt eine Welt voller berauschter Ichs, die so voll von sich selber sind, dass sie nicht in der Lage sind, klar zu sehen was ist...

Dieses ganze Kartenhaus des persönlichen Lebens muss durchschaut werden von Grund auf. Dann bricht es zusammen. Und dies ist kein willentlicher Akt, es geschieht, wenn es an der Zeit ist und so es geschehen soll.

LOVE

Der Guru (Meister) ist das Selbst...

Der Guru (Meister) oder wie auch immer wir denjenigen nennen mögen, zu welchem wir uns hingezogen fühlen, ist nichts anderes als unser eigenes Selbst. Besser gesagt: Es gibt nichts anderes als das Selbst. Noch anders ausgedrückt: Es gibt kein Selbst. Das was ist, ist nicht erfahrbar von einer Person, absolute Leere und diese Leere steht genau vor deinen Augen. So greifbar nahe, näher als jeder Gedanke es je erfassen könnte. Diese Leere bist du.

Der in der Verstandesmühle gefangene Mensch, genannt der Sucher, sucht nichts anderes als sich selbst, seinen Ursprung. Dies allerdings im scheinbaren Außen. Nur dort scheint es Objekte zu geben, an welche man sich klammern kann und sei es eben ein Guru. Alles Mögliche wird dann in diesen Guru hineininterpretiert...Vorstellungen über Vorstellungen. So ist das eben, so ergeht es jedem. Niemand kann sich selber sehen, solange er etwas sieht. Will nicht heißen, nichts mehr zu sehen... Nur diese Vorstellungen der vermeintlichen Person sind halt extrem hinderlich, das zu sehen was ist...das Selbst. Es offenbart sich keiner Person. Doch ein Meister berührt deine Hand und sagt zu dir „Vertraue. Ich bin du...auch wenn du es jetzt noch nicht annehmen kannst."...Und so ist es. Dieser denkende Verstand, der Denker, welcher denkt, dass er denkt, kann geknackt werden wie eine Walnuss oder Paranuss. Ist die Schale erst gebrochen, kommt man schnell zum Kern der Sache. Verschiedene Methoden sind möglich und führen scheinbar schneller zum Ziel. Doch egal, welchen Weg auch immer man einschlagen mag, das Ergebnis ist das gleiche. Du brauchst nirgendwo hinzugehen, um die Nuss deiner selbst zu knacken. Die Nuss ist schon geknackt... Noch besser, da war nie eine Nuss, nur eine dumme Vorstellung, dass es da etwas gäbe, das es zu erreichen lohnt. Doch da ist nichts, gar nichts. Nur dies... Schau einmal um dich, so wirklich, jetzt in diesem Augenblick, wenn du dies hier liest. Was ist jetzt hier? Wirklich? Was...? Wenn du dich in irgendwelchen Gedanken verlieren magst, ist das O.K., aber schau hin. Das, was wirklich hier ist, in diesem

Augenblick, ist das was ist und dies kann nicht anders sein, als es eben gerade ist. Das ist das ganze Geheimnis. Doch der Verstand bringt dich wieder in ferne Welten, die nie ein Mensch zuvor gekannt hat. Diese, seine Welt, ist schier unerschöpflich. Diese ganzen Welten kannst du bereisen, warum nicht. So soll es sein, nur eines solltest du bei der schönsten oder abscheulichsten Erfahrung nie vergessen...wer du in Wirklichkeit bist.

Du bist der, der alles erlebt...der vor einem jeden Erleben ist und natürlich auch in einem jeden Erleben. Suchen allerdings kannst du dich bis zum sogenannten Sankt-Nimmerleins-Tag...du wirst dich niemals finden. Ganz einfach, weil du das, was du bist, nicht erfahren kannst. Du drückst dich durch die Zustände aus, deshalb gibt es Zeit. Alles ist ein Ausdruck deiner selbst. Doch hier siehst du nur Schatten. Selbst der Guru (Meister) ist nur ein Schatten, eine Person. Wenn dein Glaube an ihn fällt, wenn du die Essenz sehen kannst, nicht mental sondern intuitiv, dann wird der Meister verschwinden und alles andere einschließlich dir selbst. Nun kannst du sagen: Ich bin zu hause oder du kannst sagen: Ich habe kein Zuhause. Ich bin das Selbst oder es gibt kein Selbst...alles das gleiche. Denn mit dem Verschwinden des Meisters ist auch dein eigenes Verschwinden verbunden. Du bist verschwunden und der Meister ist verschwunden und nun ist nur noch das, was ist. Unbeschreiblich, absolut leer und doch erscheinend als Fülle. Einmalig in einem jeden Augenblick und immer wieder frisch und neu. Gestorben deiner selbst siehst du um dich herum nur noch belebte Leichen, absolut nicht fähig, aus sich selbst heraus etwas eigenes zu tun. Gleich Zombies irren sie umher in dem Glauben, etwas bewirken zu können. Doch dem ist nicht so. Wir haben nichts in der Hand! Wir werden gelenkt, alle. Nicht einer oder eine einzige kann auch nur den geringsten Teil aus eigener Kraft bewerkstelligen.

Lasst uns die Bilder der Gurus verehren, lasst uns dankbar sein unseren Meistern und Meisterinnen. Doch eines muss klar verstanden werden. Weder auf deiner noch auf der anderen Seite ist jemand. Da ist einfach nur das, was ist...und das bist du... Du bist das... Auf die Frage „Wer bist du?" antwortete Papaji.... I AM THAT....

Göttliche Mutter...

Einst schrieb ich Gedichte der Göttlichen Mutter,
war verzückt im Liebesrausch.
Die Liebe erfüllte den ganzen Raum,
doch leider war dies auch nur ein Traum.

Göttliche Mutter, dich lieb ich noch immer,
doch das Verzehren wird nicht mehr schlimmer.
Weiß, wer du bist, kenne dich nun...
Mir bleibt nun gar nichts mehr zu tun.

Die Liebe, die uns verbindet, sie bleibt.
Sie wird nie vergehen,
wie könnte ich ihr widerstehen...?
Keine Trennung gibt es hier.
Du bist und warst schon immer in mir.

Solange suchte ich diesen Ort...Quelle des Seins.
Du warst das Ziel, doch warst nie fort.
Hab dich gefunden, Geliebte, jenseits der Zeit.
Irrtum macht sich nun nicht mehr breit.

Der Verstand kann dich einfach nicht fassen.
Nur du bist mein Leben, ich kann von mir lassen.
Worte schmelzen dahin wie Eis in der Sonne.
Frohlockendes Sein...welche Wonne.

In dieser Liebe ertrunkenes Sein,
kann nur der Duft der wahren Liebe sein.
Ein Wiedererkennen, unschuldig und rein.
Gedanken und Träume dürfen hier sein.
Du offenbarst dich in allem: in „mein" und in „dein".

Der Duft der wahren Liebe ist Gottes Traum.
Nichts geschieht außer Gott.

Meister und Schüler..

Eigentlich ist eine Meister-Schüler-Beziehung völlig unnötig, hört man immer wieder von selbst ernannten sogenannten Meistern. Der Meister ist schließlich in mir, in dir... Also, alles gut... Nein, das ist es ganz und gar nicht. Um über den Verstand hinaus gehen und sehen zu können, dass es rein gar nichts persönliches gibt, wird er unbedingt benötigt. So ist das und so soll es sein. Ramana Maharshi sagte.."Es ist so als ob man einen Dorn mit einem Dorn aus dem Fuß entfernt." Du benötigst den Verstand, um zu erkennen, dass sich deine Welt nur im Verstand abspielt. Und wer führt dich dahin? Natürlich einer, der dies selbst durchlebt hat und dies vermitteln kann.

Und um über den Meister hinausgehen zu können und ihn oder sie in sich selbst zu entdecken, ist der Austausch, eine ehrliche Auseinandersetzung unabdingbar. So ist das Spiel hier angelegt. Der Sucher wird, wenn es denn für ihn vorgesehen sein sollte, erkennen, dass es ihn nie gab. Dass er das Gesuchte ist. Ohne die scheinbare Suche ist es fast unmöglich. Ausnahmen bestätigen hier die Regel. Klar, ist alles determiniert...

Der Verstand, in Form des persönlichen Denkers, springt nur allzu gern auf das hohe Ross. Besonders wenn es darum geht, zu erklären, dass er niemand sei. Es gibt so viele selbst ernannte Niemande, es ist einfach nur ein Witz. Da werden Methoden angeboten, Energie-Übertragungen, Meditationen, Mantras und es wird einfach nur nachgeplappert, was irgendein Weiser mal gesagt hat. Man schmückt sich mit Floskeln und schwelgt in emotionalen oder mystischen Zuständen. Dabei weiß man noch nicht einmal im Ansatz, wer man eigentlich (nicht) ist. Aber es wird so getan, als ob. Auch das gehört zu diesem Spiel, genannt das Leben...dazu gehört auch Irreführung.

Aber eines ist ganz gewiss: ohne den Austausch mit einem wahrhaftigen Meister, welcher wirklich weiß, wovon er spricht, kannst du nicht fokussiert sein und wirst niemals auf den wahren Grund deines Seins stoßen. Ohne Zweifel bist du es, keine Frage, nur weißt du es nicht oder eben nur theoretisch... Wie gesagt, der Verstand glaubt alles...absolut ohne Ausnahme und er hält sich dann dafür. Der verwirrte Verstand...liebt er nichts mehr, als im Zentrum der Aufmerksamkeit zu stehen. Nur der mutige Schüler, welcher bereit dazu ist, sich dem Meister ganz und gar anzuvertrauen und alles, aber auch alles in Frage zu stellen..nur ihm ist es möglich, den natürlichen Zustand und irreversiblen Frieden zu erlangen. In der Begegnung mit dem wahren Meister wird dieses Licht entzündet und nur dieses Licht ist echt. Alle anderen Lichter sind wie so vieles in dieser Welt Irrlichter...Blendwerk. Nicht mehr und nicht weniger...

LOVE

Sollte ich zu einem Meister gehen...?

Oft wird davon gesprochen, dass der Meister in unserem Inneren zu finden ist. Er erscheint im sogenannten Außen, um uns den Weg zu uns selbst zu weisen. Ja...der wahre Meister ist nicht im Außen zu finden. Dies sind aber alles Wortspielereien, genau so wie: „Es gibt weder innen noch außen." Jenseits einer jeden Vorstellung ist der wahre Meister, er ist an keinen Ort gebunden, weil er überall gleichzeitig ist. Jenseits und innerhalb der Zeit.
Viele sind der Auffassung, da sie theoretisch begriffen zu haben glauben, es wäre nicht nötig, zu einem sogenannten Meister zu gehen. In der Tat scheint dies auch für den einen oder anderen zuzutreffen...aber dies sind Ausnahmen. Für die meisten ist es unabdingbar, einen wahrhaften Meister aufzusuchen und sich unter seine Fittiche zu begeben. Hierbei muss, wie in meinem Fall, noch nicht einmal der persönliche Kontakt stattfinden. Eine Online-Session mit Werner Ablass traf hier voll ins Schwarze. Der Austausch, welcher sich über zwei Jahre hinzog, war für mich die Ernüchterung pur. Alle spirituellen Konzepte lösten sich in Luft auf und übrig blieb das, was ist: das ganz gewöhnliche, menschliche Leben. Auf einen solch wahrhaft natürlichen

und klaren Menschen zu treffen, ist ein Geschenk. Mir ist es zuteil geworden und dafür bin ich sehr, sehr dankbar. Viele scheuen die Auseinandersetzung mit sich selbst, dabei ist dies der einzig wahre Weg. Bliss, Glückseligkeit, Lichterscheinungen und andere Phänomene mögen noch so wundervoll sein...doch haben sie mit Ernüchterung und klarer Sicht nicht viel zu tun. Zudem sind sie schneller wieder vorbei, als sie gekommen sind. Nichts bleibt, gar nichts. Und wie finde ich jemanden, welcher klar ist und echt, der mir den Weg zeigt? Hier gibt es eine klare Regel... Wo du dich hingezogen fühlst, da gehst du hin. So einfach ist das. Selbst wenn es dir noch so seltsam vorkommen sollte. Lass dich weder von Verhaltensweisen noch sonst was abschrecken. Schau einfach, ob es sich gut und stimmig anfühlt. Du hast immer die Möglichkeit, wieder zu gehen. Nebenbei bemerkt...das Leben kümmert sich schon darum und wird dir den Weg zeigen. Keine Sorge, was für dich vorgesehen ist, wird ohnehin geschehen. Also, nur Mut... Der Meister wartet schon auf dich, um dich an die Hand zu nehmen und dir zu zeigen, wer du wirklich bist.
Der Meister ist dein eigenes Selbst...

LOVE

Freude des Lebens...

Ist es Gnade, wenn ich dich sehe?
Alles, was ich sehe, ist leer.
Und doch ist da eine Fülle...
unglaublich, alles ist hier.

Alles wird wahrgenommen...
und doch ist da nichts, alles ist leer.
Dinge kommen und gehen,
nichts hat Bestand. Alles fließt dahin.
Der Fluss ist nicht aufzuhalten.

Gerade noch an diesem Ort
und nun ganz woanders.
Wer bin ich? Was bleibt?
Alles verändert sich so schnell.
Gerade habe ich es erfasst,
schon ist es wieder vorbei.

Hilflos sind wir wie Blätter im Wind.
Ausgeliefert...treiben dahin,
niemals wissend, wohin.
Für uns gibt es weder Weg noch Ziel.
Nur dies...

Ich sehe dich, schau in den Spiegel.
Leere, nur Leere...der Spiegel so leer.
Gedanken von dir...Spiegelbilder im Mind.
Nur ein Traum bist du, bin ich.
Alles nur ein Traum.

Ich sehe dich und da ist Freude.
Freude über mich...Freude des Seins.
Friede, Stille, Liebe.
Alles eins. Nur dies...
Du...

Allein und doch das Ganze

Das Rauschen oder Plätschern eines Baches, Vogelgezwitscher, der Klang des Windes in den Bäumen... Vollkommene Abwesenheit deiner selbst. Was braucht es mehr? Nichts. Da ist kein Wollen, kein Erwarten oder sonst was, nur dies. Im absoluten Allein-Sein findet der Mensch zu sich selbst, in den natürlichen Zustand. Der Denker, in Form der Person, gewahrt dies nie. Er ist immer mit etwas beschäftigt und sei es das Erreichen der Stille, die Verwirklichung des Selbst... All dies hindert ihn daran, das zu sehen, was wirklich ist: die einfache Natürlichkeit des Lebens, in sich selbst, durch sich selbst. Bedingungslos, einfach, ganz natürlich, nur Du selbst. Allein und doch das Ganze. Dies nimmst du mit, egal wo du auch sein magst, egal was auch immer deinen Erlebnis-Kosmos kreuzt. Du bist die Abwesenheit von allem Vorstellbaren. Dies ist dein Schatz, hüte ihn gut. Lass ihn dir nicht vom denkenden Verstand, in Form der Milliarden von Personen, stehlen.

Es ist so ein Wunder, hier zu sein, dies alles wahrzunehmen, zu erfahren. Getragen von dem Gefühl, zu sein. Ist es eine Vorstellung? Ich weiß es nicht, weiß nicht, wo die Grenze ist... Da ist Existenz, keine Frage, aber da ist nichts persönliches. Alles bewegt sich gleichzeitig, geschieht jetzt in diesem Augenblick. Die Vorstellung, eine Person zu sein, gibt mir das Gefühl, zu leben. Ohne eine Vorstellung ist da absolut nichts, nur dies. Die Offenbarung dessen, was ist. Das was ist, kann durch nichts beschrieben zu werden, es ist. Du kannst tausende von Meilen reisen, um irgendwelche Ziele zu erreichen. Doch das, was du bist, kannst du nicht erreichen, das bist du ja bereits. Niemand kann dir einen Weg dorthin zeigen, weil es keinen Weg zu dir selbst gibt. Du bist der Weg, du bist das Ziel, du bist alles. Und da du alles bist, steht es dir frei, zu tun, was immer dir beliebt. Aber es gibt da eine kleine Einschränkung... Jeder Schritt deines Tuns ist vorprogrammiert, du hast keinerlei Wahl. Kannst nur so tun, als ob. Alles geschieht so, wie es geschehen soll. Du bist völlig außen vor. Niemand braucht dich, du bist überflüssig.

Was für ein Genuss, hier zu sitzen, die Abendluft einzusaugen, tief zu seufzen und zu sagen: Ja, so soll es sein. Es kann nicht anders sein, als es jetzt gerade ist. Warum? Wenn es anders hätte sein sollen, dann wäre es ja anders. Also, ob dein Tag heute der beschissenste deines Lebens oder der beste deines Lebens sein sollte, was spielt es für eine Rolle...? Er war perfekt und zwar genau so, wie er sein sollte. Dies zu erkennen, gibt uns Frieden.

LOVE

Einfach sein...

Gerade sitze ich hier, ohne jeden Sinn und Zweck. Da ist das Geräusch des Windes, welcher um die Ecken pfeift und eine Menge anderer Geräusche. Alles wird wahrgenommen in einer stillen Präsenz. Hier ist keine Vorstellung, die etwas anders haben möchte, als es gerade ist. Das Gehirn ist absolut still. Die vollkommene Abwesenheit von allem macht den Weg frei für das, was ist. Der Denker, in Form der Person, würde hier nur stören. Sein Lärm kann manchmal unerträglich sein und hindert daran, das zu sehen, was wirklich ist. Zeitlos ist die vermeintliche Gegenwart, unbeweglich und still. Hier wird weder etwas bezeugt noch beobachtet. Es ist eher wie das Spiegeln in einem Spiegel. Etwas erscheint, wird gespiegelt und verschwindet wieder. Kein Denker hier, welcher versucht, etwas festzuhalten oder eine Veränderung herbeizuführen. Hier ist Abwesenheit von jeglicher Anwesenheit. Es ist so ein Frieden, einfach zu sein, hier zu sein und alles so zu lassen, wie es ist. Es ist zutiefst erfüllend, von keiner Vorstellung von Vergangenheit oder einer scheinbaren Zukunft belästigt zu werden und einfach nur zu sein. Diese Gegenwärtigkeit zieht dich in einen scheinbaren Raum, der eigentlich gar keiner ist. Denn hier ist weder Raum noch Nicht-Raum. Nur Stille und die ist voller Geräusche, Eindrücke und und und... Stabiler Friede, der unerschütterlich ist, was auch immer geschehen mag.

Wenn alle Träume an ein Ende kommen, kein Wunsch mehr da ist und jede Illusion sich verflüchtigt hat, dann heißt das nicht, dass es keine Träume, Wünsche oder Illusionen mehr gibt. Der Träumer, Wünscher und Illusionist hat sich aufgelöst und ist verschwunden bzw. es wird klar gesehen, dass es so etwas wie einen persönlichen Träumer, Wünscher oder Illusionisten nie gegeben hat. Ebenso wird die Tatsache gesehen, dass es niemals einen gab, welcher geboren wurde und ein Leben lebt. Individualität ist Teil des Spieles, genannt das Leben. Dieser sterbliche Traum wird durch sie scheinbar erfahren und für wahr gehalten. Die Tatsache der klaren Sicht, dass es nicht anders sein kann, als es jetzt gerade ist, löscht alles aus, inklusive deiner selbst. Die Welt wird weder bezeugt noch beobachtet, sie ist ein Ausdruck dessen was ist, in diesem scheinbaren Augenblick, der nicht der Zeit unterworfen ist. Hier geschieht Wahrnehmung ohne einen Wahrnehmenden oder etwas Wahrgenommenes.

Es gibt nur Leben, jedoch niemanden, welcher ein Leben lebt.

LOVE

Ewige Liebe...

Wer wünscht sich so etwas nicht...ewige Liebe und Stille, damit verbunden Frieden und womöglich noch immerwährende Glückseligkeit. Ein wundervolles Leben ohne Leid und Probleme. Was für eine wundervolle Aussicht, so muss das Paradies aussehen... So viel wird in esoterischen Kreisen versprochen und auch in anderen Bereichen, Therapeuten, Trainer und und und... Sie geben immer wieder Versprechungen oder Anleitungen, wie man bei entsprechendem Verhalten diese Liebe verwirklichen und mehren kann. Methoden oder Anleitungen haben aber nichts mit dem zu tun, was tatsächlich ist. Nützlich sind sie so lange, bis man sieht, dass sie dir keine dauerhaften positiven Zustände und Erfahrungen bescheren können. Und dein Leben verändern können sie schon gar nicht. Soll heißen, ich brauche sie so lange, bis ich klar sehe. Du machst Trauma-Arbeit oder was auch immer. Du sitzt in Stille fünf mal die Woche, täglich, meditierst. All diese sogenannten Maßnahmen haben ihre Daseinsberechtigung, führen aber letztendlich in eine Sackgasse. Man kommt einfach nicht weiter und es erfüllt einen einfach nicht. Irgendetwas fehlt halt (scheinbar). „Ich meditiere jetzt schon mehrere Jahre aber den inneren Frieden habe ich noch nicht gefunden, im Alltag geht er einfach flöten..." Diese Methoden sind ein Weg und er führt dich nirgendwohin, vielleicht zu einem kurzzeitigen Glücksgefühl, mehr aber auch nicht. Wirkliches Glück, Friede, Liebe und Stille haben mit gar nichts etwas zu tun... Liebe ist die Grundsubstanz von allem, was es so gibt im Leben, ohne sie geht gar nichts. Doch diese Liebe ist nicht an etwas gebunden. Sie ist kein Gefühl und somit von nichts und niemandem abhängig. Diese Liebe ist. Jenseits des Verstandes, jenseits der Vorstellungen ist diese Liebe, die eigentlich mit Worten gar nicht zu beschreiben ist. Ewige Liebe ist das, was wir sind, das worin wir erscheinen. In der Offenbarung dieser Liebe ist kein Platz für einen persönlich Fühlenden oder Handelnden. Wenngleich sich die Liebe auch in allen Gefühlen offenbart. Erst wenn dir die Gnade zuteil wird, von dir selbst lassen zu können, bist du frei und du siehst, was wirkliche Liebe ist. Und wenn dir klar wird, dass die Liebe, welche du für Liebe gehalten hast, keine Liebe ist, sondern nur eine Vorstellung, dann hörst du auf, ein Bettler zu sein. Die Liebe, welche du als Liebe zu kennen glaubtest, ist bedürftig. Ja, wer möchte nicht in Liebe schwelgen. Doch sind wir mal ehrlich: wer von uns kann dies dauerhaft, ich jedenfalls kenne keinen. Auch ich habe es wirklich versucht und alles dafür getan. Doch dies Unterfangen ist zum Scheitern verurteilt. Wahre Liebe offenbart sich jenseits aller Worte und Vorstellungen, sie ist von nichts abhängig. Die wahre Liebe ist ewig, weil sie nicht wie die bedingte Liebe der Zeit unterworfen ist. Sie ist zeitlos. Wahre Liebe ist die absolute Abwesenheit von allem, reine Leere. In ihr erscheint alles, was ist. Diese wahre Liebe ist unser Zuhause, sie ist unser Sein. Diese Liebe kannst du nicht mit dem Verstand sehen, nur mit deinem stillen Herzen.

Du...

Es ist sehr schwer für den denkenden Verstand, zu begreifen, dass ein Mensch, den man liebt, einfach nicht mehr da ist. Er hinterlässt eine Lücke, eine Leere, die durch nichts mehr zu füllen ist. Aber wir sind nicht in der Lage, die Leere, die nicht kommt und die auch nicht geht, zu erkennen. So sehr sind wir auf die Person fixiert, auf das, was so greifbar scheint. Wären wir doch nur fähig, die allem zugrunde liegende Leere oder auch Liebe zu sehen, würde es doch vieles vereinfachen für uns. Traurigkeit ist da, ohne Zweifel. Hier in dieser menschlichen Form wird und muss sie erfahren werden. Die Leere in einer jeden Form zu sehen, nicht mit dem Verstand, sondern intuitiv, ist gleichzeitig das Ende meiner persönlichen Geschichte. In dem Augenblick, wenn klar gesehen wird, dass alles, wirklich alles leer ist, siehst du zum ersten Mal dich selbst.

Es ist nicht weit bis zu dir,
nur ein Wimpernschlag.

Nur ein Gedanke der Trennung.
Ohne einen Gedanken ist nichts,
mit Gedanken weißt du nichts.

In jedem Gedanken
offenbarst du dich,
du, das reine Licht.
Die Leere.

Jeder Atemzug,
eine Erfüllung deiner selbst,
verzehrend,
genussvoll,
atemberaubend.

Du bist hier.

Gott ist überall....

„Der Mensch soll nicht die Dinge fliehen und sich in eine Einöde begeben, sondern er muss lernen,
durch die Dinge hindurch zu brechen und seinen Gott darinnen zu ergreifen. "
Meister Eckhart

Dies ist ein sehr bedeutender Ausspruch von Meister Eckhart, einem der bekanntesten christlichen Mystiker. Er wurde von der katholischen Kirche der Ketzerei beschuldigt und er verschwand irgendwann spurlos. Mit größter Wahrscheinlichkeit hatte man ihn ermordet.

Was will Meister Eckhart uns hier vermitteln? Viele Menschen glauben, dass eine lange Reise, zumindest aber ein schwieriger Weg notwendig sei, wenn sie etwas auf spirituellem Gebiet erreichen, die Gottesschau erlangen wollen. Sie reisen nach Indien oder begeben sich in ein Zen-Kloster oder auch ein hiesiges Kloster. Auch in hiesigen Klöstern wird schon einiges angeboten, um in die scheinbare Abgeschiedenheit zu gelangen, wie Retreats, Meditationen und Kontemplation. Dem einen oder anderen mag es ja ganz hilfreich sein. Doch wohin auch immer man reisen wird, die Ruhe und den Frieden wird man so nicht finden. Denn der Kopf, in Form des denkenden Geistes, rattert fröhlich weiter. In der Abgeschiedenheit vielleicht sogar noch mehr als zuvor. Weil er jetzt erst so richtig wahrgenommen wird. Im Arbeitsalltag ist ja eh funktionieren angesagt. Doch hier, in so einem stillen Raum, egal wo auch immer, da ist das schon etwas anderes. Ein wenig Stille mag sich einstellen, aber dann geht es weiter...der D-Zug im Kopf ist nicht zu stoppen. Und nebenbei gesagt: Du kannst Gott suchen, wo immer du willst, du wirst ihn niemals finden. Gott ist unauffindbar, weil er überall ist. Meister Eckhart wusste dies nur zu gut. Eine Flucht vor dem was ist, vor dem Leben selbst, ist absolut unnötig und mal ganz ehrlich, auch gar nicht möglich. Der Denker glaubt dies allerdings. Deshalb unternimmt er ja alles Mögliche, um scheinbar irgendwo anzukommen und das Göttliche zu erfahren.

Doch wo will man hin..? Du bist ja schon hier. In einer jeden Erscheinung ist Gott, die pure, bedingungslose Liebe. Es gibt kein Jenseits, in das man sich flüchten könnte oder sonst irgend etwas. Hier, in den gewöhnlichen Dingen des Alltages, da ist Gott. Hier pulsiert das Leben. Nicht dieses Leben, welches wir glauben zu leben, sondern das Leben, welches einfach nur ist. Und das offenbart sich, wenn der Denker endlich Ruhe gibt und einsieht, dass er nichts weiter ist als eine fiktive, eingebildete Person. Für dieses Spiel hier gewiss unabdingbar, eine Spielfigur, ein Game-Charakter, ein Schauspieler, mehr aber auch nicht. Ist dies verinnerlicht, sieht man in allen Erscheinungen und Ereignissen, egal wie gut oder schlecht geartet sie auch sein mögen, nichts anderes als die Liebe/Gott selbst. Wir können auch sagen: Bewusstsein. Hätte Meister Eckhart diesen Ausdruck gebraucht, wäre ihm die Anklage der Katholischen Kirche wegen Ketzerei vielleicht erspart geblieben... Ich glaube aber nicht... Eckhart hat das Wort Gott bewusst gewählt, wohl wissend, dass es sich hier um das Bewusstsein handelt. Er war sich sehr wohl darüber im klaren, dass Gott keine Entität sein kann, sondern das Leben spendende Bewusstsein. Und das zu der damaligen Zeit im klösterlichen Umfeld.

Meister Eckhart ist für mich gleichzusetzen mit den großen Zen-Meistern. Er war ein Advaita-Meister des Mittelalters. Seine Aussagen sind klar und kompromisslos. Er trennt Gott nicht von den Dingen/Erscheinungen. Er lädt dazu ein, nichts aber auch gar nichts zu trennen. Ein Gott, welcher irgendwo anders zu finden sein soll, als genau hier in diesem Augenblick, wäre kein Gott. Im Elend, der Armut und Gewalt genauso wie in der menschlichen Liebe. Er, das Bewusstsein, ist alles was ist und somit in jedem Ding enthalten, das hier so erscheint. Also auch in der Art und Weise, wie es erscheint. Nichts in dieser Welt der Erscheinungen war und ist je getrennt von Gott, das ist nicht möglich. Der Verstand, in Form des persönlichen Denkers, macht uns dies allerdings sehr gerne glauben. Er glaubt und liebt die Vorstellung von der Trennung. Legitimiert dies doch seine eigenständige Existenz, von der er ganz und gar überzeugt ist. Er kann nur an sich selber glauben, alles andere wäre sein sofortiger Tod.

Alles anzunehmen als ein Geschenk des Lebens, ist Freiheit. Willentlich ist dies nicht herbeizuführen. Aber durch Erkenntnis, durch Hinschauen, kann es zuweilen geschehen. Wenn man dieser Welt entzaubert ist, ist sie so wie sie eben ist und nicht mehr so, wie du sie dir vorgestellt hast. Da brauchst du nirgends mehr hinzugehen und wenn, dann einfach so...

Meister Eckhart bringt es mit aller Deutlichkeit auf den Punkt. Durch die Dinge hindurch zu dringen heißt, klar zu sehen, dass es nichts anderes in dieser Welt der Erscheinungen gibt als Gott. Bewusstsein ist alles was ist.

LOVE

3. *Stirb bevor du stirbst...*

Der Tod befreit...

Die Erkenntnis, tot zu sein, befreit den von Vorstellungen und Glauben geprägten Geist ungemein. Dies sollte man zumindest annehmen, aber weit gefehlt. Die meisten von uns sind sich der Tatsache, dass sie bereits tot sind, gar nicht bewusst.

Da glaubt man, ein Leben zu leben und alle Dinge des täglichen Lebens in der Hand zu haben. Ja, man hält sich sogar für den Mittelpunkt des Universums und ein völlig eigenständiges und autonom handelndes Wesen. Das mit dem Mittelpunkt des Universums ist gar nicht mal so verkehrt... Doch ein Gedanke, der sich von allem getrennt fühlt, wird dies nie verstehen. Schon Osho sagte „Lebe in der Welt wie ein Toter und dann tue, was immer dir gefällt". Es geht ja auch gar nicht anders. Du kannst ja nichts anderes machen, als das, was du machen sollst. Dich gibt es nicht als das, was da scheinbar denkt und handelt. Es gibt Leben aber keinen, der ein Leben lebt. Allein in der Erkenntnis dieser Unpersönlichkeit ist dein persönlicher Tod zementiert, dies ist unvermeidbar. Alles andere ist Illusion. Doch wer will schon sterben? Natürlich niemand. Und weil es weder jemanden noch niemanden gibt, kann eben weder jemand geboren werden noch sterben. Diese persönliche Täuschung hier in dieser erdachten Welt scheint so real, dass wir dabei das Wesentliche vollkommen vergessen: uns selbst. Erst im scheinbaren Tod der Person, die ein rein fiktives Konstrukt ist, liegt die Freiheit, welche sich ein jeder wünscht. In dieser Welt der Gedanken ist niemand frei oder nicht frei oder sonst noch was... Erst mit dem Durchschauen der Illusion der persönlichen Täterschaft und dem damit verbundenen Abwerfen einer Last, die man sein scheinbar ganzes Leben mit sich herumschleppte, ist man frei. Es ist so verrückt, weil da natürlich weder ein Freier noch ein Unfreier sein kann oder jemals war. Alles nur geglaubt... Mann könnte auch sagen, du bist tot und weißt es nicht, weil du etwas für real hältst, was es so gar nicht gibt...und zwar dich selbst. Du bist nur ein Glaube, eine Vorstellung. So ist das. Ohne diesen Glauben bist du im herkömmlichen Sinne tot. Im eigentlichen Sinne aber fängt hier erst das wahre Leben an. Vorher lebte man das Leben anderer, gleich einem Zombie. Du hast etwas für dein Eigen gehalten (die Person), was nichts anderes war als die Masse. Es gibt nur Gedanken aber niemanden, der sie denkt.

Ein eigenes, unabhängiges Leben gibt es nicht, hat es noch nie gegeben und wird es auch nie geben. Wenn überhaupt, fängt deine Eigenständigkeit an, wenn du dies erkennst. Nun folgst du niemandem mehr, stehst für dich allein, weil du allein bist, weil Allein-Sein dein natürlicher Zustand ist. Dein Körper wird weiterhin das tun, wozu er geschaffen wurde, gleich einem Zombie oder einer Marionette... Aber nun weißt du, hast es verinnerlicht, dass du das nicht bist. Du bist vor diesen Dingen, die hier erscheinen, natürlich auch in ihnen. Alles kommt und geht, du bleibst. Dies ist deine Eigenständigkeit, das immerwährende Bewusstsein. Es gibt nichts außer Bewusstsein. Wie Jesus schon gesagt haben soll „Selig sind die für sich allein stehen. Ihrer ist das Himmelreich und weil sie von dort kommen, gehen sie auch dorthin zurück". Warum? Es gab nie einen anderen Zustand als dieses Allein-Sein. Gott ist und war allein. Dieses eine große Ich ist das einzige, was es wirklich gibt. Die ganzen kleinen scheinbaren Ichs in Form der Milliarden von Gedanken, die hier so umher schwirren, sind nichts weiter als Fürze Gottes in dieser, seiner erträumten Welt. Doch wer will schon ein Furz Gottes sein? Dies ist so ein verrücktes Spiel. Hier wird sich immer wieder alles mögliche vorgegaukelt. Alles Unterhaltung ohne Ende. Alles wunderbar und absolut amüsant.

Doch es ändert nichts an der Tatsache, dass wir, die wir denken zu sein, alle mausetot sind. Nicht einer, auch wenn er noch so toll erscheinen mag, existiert. Die Existenz lacht über einen jeden persönlichen Gedanken. Ein Furz kann nur stinken, mal laut, mal leise...und damit ein wenig Aufmerksamkeit auf sich ziehen, das ist alles. Die Eigenschaft eines Furzes ist es aber, schneller wieder zu vergehen, als er gekommen ist. Auch wenn der eine oder andere etwas länger im Raum stehen bleibt. Spielt alles keine Rolle. Er ist nur eine flüchtige Erscheinung im immerwährenden Leben.

LOVE

Die Welt in Flammen....

Jesus sprach: *„Ich habe ein Feuer auf die Welt geworfen, und seht, ich hüte es, bis es auflodert. "*
Thomas Evangelium (10)

Was meint Jesus mit diesem außergewöhnlichen Spruch? Das Feuer, welches Jesus auf die Welt geworfen hat, ist der Geist der Erkenntnis. Er soll jene sehend machen, die bereit dazu sind. Die meisten von uns sind so dermaßen mit ihren Denkmustern beschäftigt, dass sie gar nicht auf die Idee kommen, da könne noch etwas anderes sein. Sie glauben alles, was man ihnen so erzählt hat. Vor allem...sie glauben an sich selbst. Was Jesus da meinte, ist der klare Hinweis darauf, dass dieses Feuer nur jene verbrennt, welche bereit dazu sind, sich vom Feuer verbrennen zu lassen. Das Feuer lodert auf, stärker und stärker und kein persönlicher Gedanke kann sich ihm widersetzen. Dieser verbrennt lichterloh... Die Welt brennt. Jene allerdings, die in ihre persönlichen Geschichten verfangen sind, sehen dies nicht. Sie glauben, dass sie ein eigenständiges Leben führen, die Handelnden sind und dass sich alles um sie dreht. Ihnen werden spätestens, wenn ihr letztes Stündlein geschlagen hat, die Augen aufgehen. Jene, allerdings, die von diesem Feuer, welches das Feuer purer Liebe ist, erfasst werden...ihnen ist der Friede gewiss, ein stabiler unerschütterlicher Friede. Die Illusion eines eigenständigen Lebens ist von ihnen abgefallen. Sie ist im wahrsten Sinne des Wortes verbrannt. Jesus ist nicht grausam, wenn er Feuer auf die Welt wirft und alles verbrennt. Nein, er möchte die Menschen erlösen aus dem Kerker ihrer Einbildungen. Es spricht ja nichts gegen Einbildungen und Träume, doch darum zu wissen, das befreit.

Freilich ist dies nichts für den erfolgsorientierten Mind, welcher glaubt, etwas in dieser Welt erreicht zu haben. Für ihn ist der Glaube an sich selbst die wahre Stärke. So soll es sein. So läuft dieses Spiel hier. Doch der Friede wird jenen zuteil in grenzenloser Fülle, die sich selbst gelassen haben, die innerlich vollkommen leer sind...verbrannt. Ihnen ist nun ein Reichtum inne, der sie befähigt, die Welt so zu lassen, wie sie ist. Jeglicher Widerstand gegen das, was gerade erscheint, ist verschwunden. Die Tatsache der eigenen Nicht-Existenz hat sie befreit von der Last ihres persönlichen Daseins. Nun, da sie in diesem lodernden Feuer verbrannt sind, sind sie zu dem geworden, was sie schon immer waren, doch durch ihren Glauben daran gehindert wurden, es zu sehen. Das Leben selbst offenbart sich durch sie und nicht mehr die scheinbare Persönlichkeit. Jene, welche die Flamme in sich spüren und ihrem Ruf folgen, werden verbrannt werden. Ramesh Balsekar sagte, sie haben „den Kopf im Rachen des Tigers"... Ist der Kopf erst einmal darin, gibt es kein Entkommen mehr. Der Verstand, in Form des Denkers, mag sich winden wie ein Aal... Irgendwann beißt der Tiger zu und es ist aus. Dein Leben ist zu Ende und zwar total. Was bleibt? Nichts bleibt. Nur dies... Jeder Augenblick ist eine Offenbarung des Lebens selbst. Das Leben schaut durch deine Augen, aus welchen vorher ein verwirrter Geist schaute. Worte werden gesprochen, doch es sind nicht mehr deine Worte. Es sind Worte, die das Leben, Gott selber spricht...

Wenn alles verbrannt ist, was falsch war, bleibt das, was ist. Das Leben in seiner ganz gewöhnlichen Form. Es ist das Außergewöhnlichste, was es gibt. Denn es ist nicht erdacht und konstruiert. Jenseits eines jeden Gedankens offenbart sich das, was wirklich ist... Eine Welt voller Wunder, welche im Kleinen, in den kleinen täglichen Dingen des Alltags gesehen werden und nicht in den scheinbaren Besonderheiten. Das Feuer Jesu befreit also. Es verbrennt nur das, was ohnehin keinerlei Wahrheitsgehalt hat. Dieser Denker, der uns ein Leben lang versucht hat, alles mögliche weis zu machen, ja der hat nun ausgedient. Wird sozusagen in Rente geschickt. Frei von sich selbst zu sein, ist so ein Geschenk, es ist Gnade. Eine Gnade, dieses Feuer zu empfangen und sich davon verbrennen zu lassen, bis nichts aber auch gar nichts mehr bleibt. Dann erst hast du Frieden, der von nichts mehr abhängig ist.

Erlösung kommt nur durch Verlust. Alles was du verlieren kannst, ist diese Traumwelt, die du für dich selber hältst. Also, sollte dieses Feuer dir in irgendeiner Form begegnen, überlege nicht lange und nimm es an. Alles weitere geschieht sowieso... Jesus hütet die Flamme und wenn es an der Zeit ist, dann lodert es auf und du verbrennst. Diese Entscheidung ist nicht deine. Du hast noch nie eine Entscheidung getroffen. Es sieht immer nur so aus, als ob. So soll es sein. Also entspannt zurück lehnen, das Leben geschehen lassen und einfach schauen, was geschieht... Die Flamme des Feuers wird auflodern so oder so...wenn es an der Zeit ist...

LOVE

Wahre Stille ist nicht erfahrbar...

Viele wollen die Stille genießen. Was genießen sie? Was...? Sie genießen die Vorstellung von der Stille. Du meditierst, sitzt und denkst, du seist still. Vielleicht für ein paar Minuten, eine halbe Stunde oder sogar noch länger. Das, was da für Stille gehalten wird, ist nichts weiter als eine temporäre Beruhigung des Mind. Jenen, welche der permanenten Hektik und Unruhe im Alltag verfallen sind, durchaus zur Beruhigung zu empfehlen. Doch dieses Mittel ist nichts weiter als eine Beruhigungspille. Wir haben eine absolut falsche Vorstellung von der Stille. Das, was Stille wirklich ist, ist nicht vorstellbar. Wirkliche Stille wird nicht erfahren. In keiner Meditation, noch sonst wo. Dies mögen alles Hilfsmittel sein, um einen möglichen Geschmack von dem zu bekommen, was man für Stille hält. Doch die wahre Stille ist nicht erfahrbar und entzieht sich jeglicher Beschreibung. Stille ist. Dies ist nur dann annähernd zu begreifen, wenn alles, was jemals vorstellbar ist und sein wird, fallen gelassen wird. Ein stiller Geist ist nichts weiter als ein in nichts involvierter Geist. Es geschieht, was immer geschehen mag ohne das Einmischen eines Kommentators (Denkers).

Gedanken sind nicht das Problem, der persönliche Denker macht alles zu seinem Erleben und somit zu seinem Problem. Ohne diesen persönlichen Denker ist es still und nur diese Stille ist echt. Diese Stille kannst du aber nicht herbeiführen. Sie offenbart sich dann, wenn sie es will und nicht dann, wenn du glaubst, dass es an der Zeit ist. Künstlich erzeugte Stille mag sich noch so bereichernd und schön anfühlen. Doch was ist sie wert, wenn sie vorbei geht...? Die wahre Stille, wenn sie dich erfasst, geht nie wieder. Sie verlässt dich nicht mehr. Mag da kommen, was will, die Stille bleibt. Stabil und unerschütterlich ist sie da wie ein Fels in der Brandung. Gedanken, Wahrnehmung, alles darf sein, sie bleibt von all dem vollkommen unberührt. Dem Ruf dieser Stille zu folgen, bedeutet seinen eigenen Tod zu akzeptieren. Viele wollen den Weg zur Wahrheit gehen, ohne die Bereitschaft zu sterben. Nun, nichts ist bekanntlich umsonst. Wer will schon auf sich selbst verzichten? Und doch ist dies der einzige Weg, um auch nur einen Hauch von dem zu erhaschen, was gemeinhin als Erleuchtung oder Erwachen bezeichnet wird. Ohne Sterben geht es einfach nicht. Alles andere ist lediglich ein weiteres Mind-Game...und Mind-Games haben wir alle mehr als genug unser ganzes Leben lang gespielt. Doch da findest du weder Frieden noch Stille. Wenn der Kommentator sich nicht mehr zwischen dich und deine Gedanken schaltet, hast du zum ersten Mal einen Geschmack von dem, was wirkliche Stille ist. Solltest du in der Lage sein, diesem Spiel auch weiterhin fern zu bleiben, vereinnahmt die Stille dich mehr und mehr. In diesem reinen Schauen ohne einen Schauenden wird alles geschehen, was auch immer geschehen mag. Doch ist niemand hier, welcher sich einmischt. In dem Augenblick, wenn dies erfasst wird, ist es totenstill. Und das verrückte an der Sache ist, es bleibt still, obwohl da Gedanken sind und auch alles andere.

Es ist ein Erleben auf einer anderen Ebene sozusagen. Diese Ebene ist dem glaubenden, persönlichen Geist verschlossen. Er ist nicht in der Lage, dies zu schauen. In der unmittelbaren Wahrnehmung dessen, was ist, gibt es keine Erinnerung. In dem Augenblick, in dem etwas erscheint, ist es auch schon wieder vorbei. Nichts klebt, nichts bleibt irgendwo haften, weder in der Vergangenheit noch in der Zukunft. Ein kurzes Aufblitzen im Spiegel und schon ist es vorbei. Ereignisse reihen sich an Ereignisse, ein Erleben jagt das nächste. Doch niemand persönlich erlebt dies. Alles geschieht und in diesem Erleben ist Freiheit. Eine Freiheit, die jenseits aller Vorstellungskraft liegt. Aus dem einfachen Grunde, weil sie nicht zu benennen ist. Die Stille trägt mich, sie ist alles was ich bin, alles was ich habe. Ich...der Schatten, ohne sie bin ich nichts.

LOVE

Du kannst den Tod nicht erfahren...

Was nützen dir fünf oder noch mehr Nah-Tod-Erfahrungen, wenn du noch nicht einmal ansatzweise eine Ahnung davon hast, wer du wirklich bist...? Jede Form der Erfahrung bedingt jemanden, der sie erlebt, einen Erfahrenden. Der oder diejenige, der etwas erlebt, egal was auch immer, muss also persönlich vorhanden sein. Da der persönliche Denker aber nur ein Fake ist, ein Glaube, eine Vorstellung, nicht mehr und nicht weniger und somit überhaupt nicht existiert, hat sich jede Nah-Tod-Erfahrung und natürlich auch alle daraus resultierenden Konzepte erledigt. Für den persönlichen Verstand spielt es überhaupt keine Rolle, ob er nun Nah-Tod-Erfahrungen oder zig Orgasmen erlebt. Ist er doch nur an außergewöhnlichen Erfahrungen interessiert, gleich einem Junkie, der immer mehr und mehr will.
Du denkst, dass du lebst, das ist der Fehler...dein Glaube. Doch du bist nur ein Gedanke, eine Vorstellung, Erscheinung. So, wie alles andere auch. Das, was du bist, ist weder tot noch lebendig. Es ist unbeschreiblich und kann mit dem Verstand nicht erfasst

werden. Es wird von denen erfasst, welche ihrer selbst gestorben sind, das heißt, die ihren Glauben und ihre Vorstellungen über sich selbst abgelegt haben. Dies ist allerdings kein willentlicher Akt. Es geschieht, wenn es geschehen soll, falls es überhaupt geschehen soll. Diese Erkenntnis gibt dir stabilen Frieden, der absolut unerschütterlich ist.

LOVE

Tod

Der Tod ist unausweichlich und wenn er vor der Türe steht, gibt es kein zurück mehr. Der Tod verhandelt nicht. Er gibt dir weder mehr noch weniger Zeit. Er nimmt dir einfach alles, was du je glaubtest zu besitzen, einschließlich deiner selbst. Der Tod ist endgültig. Er ist das Ende deiner Geschichte und dieses Körpers. Alles hört auf, unwiderruflich. Ein scheinbarer Anfang war da, an welchen man glaubte und an diesen Glauben hat man sich geklammert. Alles ist vorbei und mir kann niemand sagen, dass ihn das nicht berührt. Wir alle haben einen mehr oder weniger aktiven Verstand. Die Angst vor der vermeintlichen Auslöschung ist riesengroß. Für den Körper gibt es kein ewiges Leben. Er stirbt und vergammelt sozusagen, verfault oder wird verbrannt. Er löst sich in seine Bestandteile auf und bietet anderen Lebensformen Nahrung. Er ist ja selber nur ein Nahrungskörper. Ewiges Leben kann es in so einer begrenzten Form nicht geben. Vor allem ist dieses Leben sehr fragil und äußerst unsicher.
Nur das, was all diesen Formen zugrunde liegt, nur das ist beständig. Es ist essenziell. Allein schon aus dem Grunde, weil es der Zeit zugrunde liegt. Es ist das, was wahrnimmt und worin alles erscheint. In dieser, ich nenne es mal Abwesenheit, erscheint alles, jede Form, jede einzelne Geschichte. Ein jedes vermeintliches Leben, alles was einen Anfang und ein Ende hat. Es erscheint.
Ewigkeit findest du nicht in einer einzelnen Geschichte, die nur

eine von Milliarden ist. Ewigkeit, ewiges Leben ist jenseits und doch so nah. Hier in diesem Augenblick ist nichts anderes als diese Leere, die Abwesenheit von allem, was man sich so vorstellen kann, die Ewigkeit. Hier bist du, hier warst du und hier wirst du immer sein. Hier ist dein Ort, dein Zuhause. Nicht in einer Geschichte, in einer Person, an die du geglaubt hast. Dies ist nur ein Irrglaube, welchem du aufgesessen bist. Also gestehe dir als Person ruhig die Angst ein, zu verschwinden. Die Angst wird kommen und sie frisst dich auf. Wirklich dahinter zu schauen und sich mit diesen Dingen auseinander zu setzen, macht frei. Und dieser Weg der Angst, der bitteren Angst vor der totalen Auslöschung, dieser Weg befreit. Schon allein aus dem Grund, weil er bei klarer Sicht, weder als Weg erkannt wird noch irgend einen befreien könnte... Doch er muss gegangen werden. Sollte ich dann noch erkennen, dass es mich gar nicht gibt so, wie ich dachte, dass ich nie existiert habe, nie ein Leben gelebt habe...dann wird vieles einfacher. Mit der Erkenntnis der eigenen Nicht-Existenz werde ich gelassen und schaue auf das, was kommt. Wenn du nicht bereit bist zu sterben, kannst du auch nicht leben. Das, was du für Leben hältst, ist nur ein Festhalten an der Vergangenheit. Der Tod befreit dich von der Vorstellung, ein Leben gelebt zu haben. Er offenbart dir dein wahres Sein. Ewig sich wandelnde Wirklichkeit, nicht jenseits der Zeit, sondern einfach nicht zeitlich. Alles ist nur eine Erscheinung in mir. Ich bin ewig. Nur das, was ich glaubte zu sein, hatte einen Anfang und ein Ende. Ich habe keinen Anfang und kein Ende. Ich bin...aus dem einfachen Grunde, weil es mich als nichts gibt. In dieser totalen Abwesenheit von allem bin ich Leere und doch in allen Formen enthalten als das, was wahrnimmt. Nur das, was wahrnimmt, ist echt. Alles andere erscheint.

LOVE

Tod oder Leben

Ihr, die ihr glaubt, alles zu wissen und in der Hand zu haben, was werdet ihr machen, wenn die Stunde eures Todes kommt...? Was könnt ihr dann gestalten? Was könnt ihr dann lenken? Vielleicht versucht ihr es mit matrixen, positiven Gedanken, einem Mantra oder ähnlichen Dingen... Nichts dergleichen wird euch helfen oder Aufschub gewähren. Da nützt weder „The Secret" noch irgendein anderes Wunscherfüllungs-Programm, wie immer sie auch heißen mögen. Sie machen nur diejenigen reich, welche diesen Mist geschrieben und in die Welt gesetzt haben...sofern sie noch am Leben sind.

Ihr werdet keinen Aufschub bekommen, nicht eine Sekunde. Der Tod lässt nicht mit sich verhandeln...genauso wenig wie das Leben. Sie sind nämlich nicht verschieden. Leben und Tod sind ein und das selbe. Du kannst weiter so tun, als ob du alles in der Hand hättest. Warum nicht? Nur sei dir dessen bewusst, dass dem nicht so ist. Wie schrecklich ist es doch, sich selber etwas vorzumachen und die Wahrheit dabei vollkommen zu vergessen. Im Erkennen dessen, was ist, stirbst du als Person im Augenblick der Erkenntnis. Du erkennst, dass du nie gelebt hast so, wie du dachtest und dass du einem Irrglauben aufgesessen bist. Dieses Leben stirbt nie, weil es nie geboren wurde. Das einzige, was geboren wird, ist der denkende Verstand. Die Person als solche ist nur eine Vorstellung in der Welt des Verstandes. Sie hat keinerlei eigenständige Existenz und ist lediglich ein Game-Charakter in dieser vollkommen illusionären Schein-Welt.

LOVE

Spirituelle Lebensweise...

Viele sind der Meinung, dass, so man etwas erkannt hat, man einer spirituellen Gemeinschaft angehört oder gar eine gewisse Anzahl sogenannter Anhänger hat, welche einem zu Füßen sitzen, dass man sich nun in angemessener Weise verhalten sollte. Langsames, leises Reden unter Vermeidung des Wortes „Ich". In Talks oder Satsangs der unvermeidliche, langsame Griff zum Wasserglas, anschließend gehen wir in die Stille, sitzen da mit geschlossenen Augen. Dies sind mittlerweile feste Bestandteile dieser spirituellen Mega-Show geworden. Wenn ich mir dieses ganze Spiel so das eine oder andere Mal anschaue, denkt es sich immer so... Mein Gott, was für ein Zirkus. OK, in den Zirkus ging man früher ja auch das eine oder andere Mal. Doch heute, ganz ehrlich, hat er seine Anziehungskraft für mich verloren.

Da kann einer noch so heilig gucken oder es versuchen. Ein jeder kennt diesen Blick, sehr beliebt bei katholischen Pfarrern. Es ist doch nur der Mind, in Form des denkenden Verstandes, der hier sein scheinbares Wissen verbreitet und damit sein Unwesen treibt. Nichts dagegen, ist halt für jeden etwas dabei in diesem Lebensspiel. Ein jeder bekommt das, wofür sein Programm geschaffen ist und so bedienen sich die Programme gegenseitig. Wir sind ja eh alles nur Biocomputer. Nichts, aber auch gar nichts ist von irgendeinem Verhalten abhängig.

Wenn die Wahrheit dich küsst, kann dies jetzt in diesem Augenblick passieren oder nach über dreißig jähriger Suche. Es geschieht einfach so und ist mitnichten der Verdienst irgendeiner Person. Das Leben ist hier nicht wählerisch. Wir glauben, wir hätten uns auf die Suche begeben und irgendwann macht es dann klick und wir sind erleuchtet. Und alles ist natürlich das Ergebnis eines langen Lernprozesses, der mit Schwierigkeiten und ganz viel Meditation verbunden ist.

Nein, so läuft das nicht. Dieses Leben offenbart sich so, wie es sich offenbaren will. Und die scheinbare Person, in der es sich offenbart, gibt es gar nicht. Das Leben, Gott selbst hat sich ja in dieses fleischliche Kostüm begeben, um dies voll und ganz zu erleben, zu durchleben, sich als Mensch und in allen anderen Formen scheinbar separat zu erfahren. Sollte er sich nun in allen Formen gleichzeitig erkennen, wäre dieses Spiel mit einem Schlag vorbei. Also, das ist nicht vorgesehen. Du kannst auf die Suche gehen oder dich, wenn du glaubst erkannt zu haben oder was auch immer, so und so verhalten. Am besten nur noch in Weiß herumlaufen und mit einem Halblächeln natürlich. Wenn es für dich nicht vorgesehen ist, zu sterben, um nichts anderes geht es bei der Erleuchtung, dann träumst du dieses Leben weiter. Das tust du ohnehin bis zum Schluss. Nur vermagst du es nun nicht mehr zu glauben. Fällt der Glaube an dich selbst, ist das nämlich der Tod des Egos. Funktionieren wird es, nachdem es durchschaut wurde, immer noch bis zum letzten Atemzug. Das Spiel will gespielt werden. Ein Heiliger oder ein Guru wird nicht dadurch zu einem Erwachten, indem er sich so und so verhält. Entweder er weiß, dass der persönliche Täter Illusion ist oder eben nicht. Und dieses Wissen löscht alles aus, alles. Hier gibt es weder Trennung noch Einheit. Nur dies. Hier gibt es weder einen Heiligen noch einen Guru, noch Schüler, noch nicht einmal einen Menschen. Die Worte werden gebraucht aber sie haben jeden Sinn, jede Bedeutung verloren, für jenen, welcher wirklich weiß.

Jener, welcher um seinen Urgrund weiß, ist von beeindruckender Einfachheit. Er oder Sie versucht nicht mehr, durch irgendeine künstliche Verhaltensweise auf sich aufmerksam zu machen. Dem wirklich Erwachten geht es im wahrsten Sinne des Wortes am Arsch vorbei, was andere über ihn denken. Er wird sich in keiner Weise dem Verhalten irgendeiner Gruppe oder sonst was anpassen, nur um etwas zu erreichen. Er hat dies alles hinter sich gelassen. Spielen mag er noch in dieser Show...nur hat das Spiel seinen Reiz für ihn oder sie verloren. Da ist Freude aber diese Freude ist von anderer Art als die Freude des Mind. Es ist eine Freude, die allem zugrunde liegt. Die Freude, zu sein. Diese Freude ist von nichts abhängig und wenn es mal nicht so kommt, wie erwartet, so gibt es nur einen Ausspruch, welcher aus seinem oder ihrem Munde kommt: Wen kümmert es? Wen...?

LOVE

Die Offenbarung der wahren Liebe

Wie weit würdest du gehen, um die wahre Liebe zu finden? Die absolute Liebe, die all deine Wünsche erfüllt, die alles in den Schatten stellt, was du dir bisher vorgestellt hast? Was würdest du tun, um sie zu erleben? Wahrscheinlich alles. Viele würden das tun. Ein jeder oder eine jede hat allerdings ganz gewisse Vorstellungen, wie diese Liebe denn auszusehen hätte. Wärst du bereit, zu sterben für die wahre Liebe? Hier trennen sich nun die Geister. Wahre Liebe, ja...aber sterben? OK, da nehme ich lieber das, was ich so kenne, sterben kann ich später immer noch.

Die wahre Liebe ist halt nicht an jeder Ecke zu finden, eigentlich ist sie nirgends zu finden, schon gar nicht im Verstand. Wenn die wahre Liebe im Verstand zu finden wäre, wäre sie niemals die wahre Liebe. Wahre Liebe ist nämlich bedingungslos und alles, was der Verstand so hervorbringt, ist an Bedingungen geknüpft.

Die wahre Liebe kannst du eigentlich gar nicht erkennen, denn sie ist der Urgrund allen Seins. Sie ist das, was ist und was allem zugrunde liegt. Im Tod der Person ist sie spürbar als reine Präsenz und Stille. Ein Blick in die Augen des Geliebten oder der Geliebten und du weißt, was Ewigkeit ist. Keine vorgestellte Ewigkeit des Denkers...nein, die Ewigkeit kann er sich nicht wirklich vorstellen. Hier wird versucht, auf das hinzuweisen, was nicht der Zeit unterworfen ist. Wenn die Liebe sich erkennt, ist es im wahrsten Sinne des Wortes unglaublich. Es fühlt sich an wie Verschmelzen, man verbrennt förmlich in einer nie endenden Glut. Du schaust und doch bist es nicht du, der schaut. So ist das. Da blickt dich jemand an und da ist nichts und in diesem nichts ist alles. Du weißt es und du kannst es nicht in Worte fassen. Hier ist der denkende Verstand am Ende. Die Liebe, die man kennt, ist die Liebe, welche wir uns alle nur vorstellen. Sie ist an bestimmte Vorstellungen und Bedingungen geknüpft. Eine persönliche Liebe mit all ihren freudvollen oder leidvollen Seiten. Ein Spiel der Hormone und des Verstandes. Ohne Zweifel, ein wundervolles Spiel, aber meist auch sehr leidvoll, weil bedingt und endlich.

Die wahre Liebe kann nicht gefunden werden oder verloren

gehen. Sie ist immer. Niemals warst du nicht diese Liebe, du hast es nur vergessen. In dem Augenblick, wenn dem Verstand Glauben geschenkt wird, entsteht der Denker. Das Ich ist geboren und hier gibt es keine Chance, die wahre Liebe zu sehen. Sie ist zwar da, unabhängig von äußeren Umständen. Doch durch zunehmende Gedankenaktivität wird sie so verschüttet, dass eine klare Sicht auf sie einfach nicht mehr möglich ist. Stille, absolute Stille liegt allem zugrunde und in dieser Stille, in dieser Abwesenheit von allem, was man sich je gedacht oder vorgestellt hat, ist Frieden. Die Liebe Gottes, die wahre Liebe, du selbst. Diese Liebe ist fühlbar in den Augenblicken, wenn es mal so ganz still wird. Wir haben das alle schon mal erlebt, dass wir in der Nähe von Menschen, Tieren oder auch Landschaften dermaßen in Verzückung gerieten, dass wir keines Wortes mehr fähig waren. Weil wir verschwunden sind. Und das ist unbeschreiblich. Manchmal läuft man nach solchen Erlebnissen stundenlang mit einer Art Gänsehaut herum und hat absolut keine Ahnung, warum. Dann kommt der Verstand und der möchte diesen Zustand natürlich halten oder wiederholen und schon ist alles vorbei...

Die Liebe zeigt sich dann, wenn sie es für erforderlich hält, wenn sie dich erwählt und nicht, wenn der Denker es will. Es ist ein Geschenk, Gnade oder wie auch immer man dies nennen will. Niemand kann etwas dafür tun. Es sieht so aus, als ob sie kommt und geht. Bei manchen öfter, bei einigen selten und bei wieder anderen gar nicht. Wie gesagt, es sieht nur so aus, als ob sie kommt und geht. Aber das ist nicht so. Sie ist immer, sie liegt allem zugrunde. In den seltenen Augenblicken der Ruhe im Verstand wird sie offenbar. Die Liebe (Stille) bleibt von jeder Art von Geräusch oder Aktivität absolut unberührt. Sie ist zeitlos und in dieser Zeitlosigkeit wird sie tatsächlich von nichts aber auch gar nichts berührt.

Im Sterben der Vorstellung von allem und im besonderen Maße der Vorstellung der eigenen Person, liebe ich wirklich. Nicht weil ich dies will, sondern weil es hier keine Illusion mehr gibt, welche täuschen könnte. Nicht falsch verstehen, Illusionen wird es immer geben, was wäre die Welt ohne Illusionen. Aber es gibt weder jemanden noch niemanden, der ihnen Glauben schenkt.

Die Welt hat ihren Zauber verloren. Sie ist nun einfach so, wie sie ist. Und mit den Augen der wahren Liebe betrachtet, sieht man nichts anderes mehr als Liebe, was auch immer geschehen sollte.

LOVE

4. Ich...das Absolute

Die Antwort auf alle Fragen...

Ich bin die Antwort auf jede Frage, die da so kommt. Es mag sich paradox anhören, aber hier liegt tatsächlich des Rätsels Lösung. Wir fragen und fragen, jagen nach Antworten, doch was helfen uns diese Antworten. Meist werfen diese neue Fragen auf. Die Antwort auf jede unserer Frage ist...Ich. Doch wer bin ich? Wer stellt die Frage? Finde den, der die Frage stellt. Gehe zum Kern aller Dinge, zu dir selbst. Der Anfang von allem ist Ich und nichts anderes. Ich bin immer vor allem und dann erscheine ich als ein scheinbares etwas. Ich bin da...
Wer ist da? Ich..immer ich und niemand anderes sonst. OK und wer ist dann dieses Ich? Jede Antwort darauf ist falsch, kann nicht das sein, was du wirklich bist. Nichts als Vermutungen und Annahmen, nur eine Vorstellung, mehr nicht. Du und ich, wir sind nur Vorstellungen im Mind. Diese ganze Welt, entstanden aus dem Ich-Gedanken. „Wer bin ich?" oder „Wem geschieht dies?"...sind die effektivsten Fragen, die sich Mensch stellen kann. Antworten wird es darauf nicht geben. Hier kapituliert der Verstand. Neti, neti, nicht dies, nicht das. Alles wird verneint, weil es keine befriedigende Antwort gibt. Am Ende bleibt dir nichts mehr als die Kapitulation, der Denker gibt auf. Er bricht zusammen, der Schatten erkennt, dass er nur ein Schatten ist. Nun weißt du, wer du nicht bist und dies ist das einzige, was du wissen kannst. Nichtwissen und in diesem Nichtwissen ist das verborgen, was du in Wirklichkeit bist. Du. Wenn alles Falsche gegangen ist und nur das bleibt, was ist, vollkommen unpersönlich, dann stellen sich keine Fragen mehr. Alleine aus dem Grund, weil hier weder jemand noch niemand ist, der sie beantwortet haben möchte. Leben geschieht und du weißt nicht mehr, warum du etwas tust. Doch es wird getan, von wem auch immer. Aber auf keinen Fall von dir.

Alles geschieht durch dich, staunend nimmst du hin, was auch immer sich ereignen mag. Wie Wellen auf der glatten Fläche des Ozeans sich erheben, so geschieht alles was sich ereignet dir, zumindest sieht es so aus. In Wirklichkeit hat nichts mit dir was zu tun, mit dir als Person. Nichts ist getrennt von dir, jeder Ausdruck des Lebens bist du selbst. Weder existent noch nicht existent. Einfach so. Niemand da. Keine Fragen und keine Antworten mehr. Das ist Frieden. Ein Frieden, welcher dich niemals wieder verlassen wird. Allein aus dem Grund, weil du als imaginäre Person verschwunden bist. Allerdings nur in deiner Vorstellung. In der Welt oder wie auch immer funktioniert diese Person weiterhin als das, was sie sein soll...

LOVE

Der Atem der Liebe...

Alles geht, die Liebe bleibt. Sie ist das einzige von Bestand... Nur die Liebe ist ewig. Liebe, die sich selbst erfüllt, indem sie weder etwas will noch etwas begehrt. Sie ist einfach, das reicht. Liebe, diese eine, wirkliche Liebe ist jenseits einer jeden Vorstellung. Sie liegt dem denkenden Verstand zugrunde und offenbart sich, wenn der See still geworden ist. Gedankenwellen überlagern die Liebe, die nichts anderes will, als zu sein. Ist der See glatt und ruhig, können wir sie erspüren, diese Liebe, welche alles überdauert, da sie keiner Zeit unterworfen ist. Sie ist jenseits der Zeit. Zeitlos wie seit jeher ist sie unser reines Sein. Wir sind diese Liebe, die allem zugrunde liegt.
Liebe in ihrer reinsten Form ist vollkommen unschuldig, sie wird von nichts berührt. Was auch immer geschehen mag, ob als gut oder schlecht bewertet. Die Liebe bleibt immer rein und frisch. Absichtslos blickt sie in die Welt und schaut... Sie bezeugt sozusagen alle Dinge, ohne in irgendeiner Weise von ihnen betroffen zu sein. Diese Liebe durchdringt alles, selbst den

dunkelsten Winkel des Universums und ja, sie steigt auch auf in die höchsten Höhen. Für sie gibt es keine Hindernisse. Alles wird von ihr getragen und noch viel mehr. Der denkende Verstand ist nicht mal ansatzweise in der Lage, diese Liebe zu erfassen. Wie auch, ist er doch nur damit beschäftigt, immer wieder das eigens suggerierte Ich-Zentrum zu bestätigen und entsprechende Bilder zu produzieren. Bilder ohne Ende, die nichts anderes sind als Vorstellungen von sich selbst und anderen. Er lebt immer in Trennung, anders kann er gar nicht.

Liebe kennt keine Trennung. Sie ist und weil sie ist und von nichts berührt wird, ist sie weder getrennt noch vereint. Sie kennt nichts anderes als sich selbst. Sie selbst ist alles was ist. Diese Liebe ist so selbsterfüllend in einer jeden Handlung, in einem jeden Geschehen. Alles ist Ausdruck dieser Liebe selbst. In einem jeden Atemzug...Liebe. Ich bin da, was für eine Liebe. Nicht die sog. Liebe zweier Objekte zueinander. Ich existiere, fühle diese Anwesenheit, Liebe pur, pure Anwesenheit von nichts Vorstellbarem. Nur dies...reines Vorhanden-Sein. Reine Existenz. Du existierst nicht als Person, Existenz existiert durch sich selbst und dies hat weder etwas mit einem Individuum noch mit einer Person zu tun. Liebe ist diese reine Existenz. Sie kennt nichts, nicht einmal sich selbst. Ein jeder Ausdruck ihres Seins bist du selbst. Nichts ist getrennt von was auch immer. Es sieht immer nur so aus. Es ist nicht möglich, dass irgendetwas oder irgendjemand oder was auch immer, von dieser Liebe getrennt wäre. Die Liebe erfüllt sich immer selbst durch sich selbst. Sie ist die einzige Existenz, das Ganze. Ohne Liebe ist nichts, gar nichts. Wo immer wir auch hinschauen, überall ist diese Liebe. Wie auch immer die Bilder geartet sein mögen, die uns da gezeigt werden in unserem Lebensfilm. Es ist Liebe, immer und ohne Ausnahme. Und sollte der Himmel auch mal nicht voller Geigen hängen und das macht er recht häufig, das ändert nichts an der Tatsache, dass dies nicht auch Liebe ist. Wenn du dich hinsetzt, nur für einen Augenblick und alles mit Liebe betrachtest, egal was, verändert sich etwas. Es mag zuerst etwas künstlich erscheinen. Du betrachtest einfach mal alles an einem

Tag mit Liebe. Auch den Nachbarn, der dir gerade mal wieder so richtig auf den Geist geht. Das vermeintlich negative mit Liebe zu betrachten, befreit von manch düsterer Last. Hier geht es nicht um eine Methode, sondern vielmehr um die Erkenntnis, wenn Liebe allem zugrunde liegt, dann ist sie doch wirklich überall, in einem jeden Gegenstand...einer jeden Erscheinung. Deine Sicht verändert sich radikal, wenn dieses Verstehen in dein Herz fällt. Tiefer Friede erfüllt dich in dem Augenblick, in dem du weißt: Ich bin Liebe und nichts anderes. Alles andere sind Auswüchse eines Mind, welcher glaubte, der Macher zu sein und der nicht mehr Wirklichkeitsgehalt hat als eine Fata Morgana. Liebe blickt dir aus einem jeden Augenpaar entgegen, aus einer jeden Situation. Du kannst gar nicht anders, als ehrfürchtig zu sein und dich vor dieser Liebe zu verneigen. Wenn die Liebe die Führung übernimmt, gibt es dich nicht mehr. Du bist raus. Die Liebe hat das Ruder deines Lebens übernommen. In diesem unendlichen Strom ist kein Platz mehr für dich, der du dachtest, zu sein. Wahre Liebe verbrennt alles, was falsch ist. Sie lässt nur das übrig, was wirklich ist... Das Sein selbst. In diesem Sein ist Liebe, unendliche Liebe zu sich selbst. Selbstliebe, die Grundlage eines jeden Lebens, so wie wir es kennen.

LOVE

Lass dich berühren von der Stille, die du bist...

Lass dich berühren von der Stille, die jenseits der Worte liegt. Diese Stille ist von nichts abhängig. In ihr erscheint alles. Nichts ist von ihr getrennt. Eine jede Erscheinung ist die Offenbarung dieser Stille, die du selber bist. Still ist es, ganz still. Nur der denkende Verstand glaubt, etwas zu hören und bildet sich dann etwas ein. Stille wird durch nichts beeinflusst oder berührt. Eine Berührung gibt es nur im Verstand, welcher glaubt, dass es da etwas zu berühren gibt. Doch da ist nichts. Weder eine Leere noch eine Fülle. Nur dies. Die Ewigkeit ist still, sie schaut sich selbst ins Gesicht. Sich selbst offenbarend in einem jeden Augenblick, der ewig ist. Erscheinungen kommen und gehen. Eine Offenbarung nach der anderen, die Stille bleibt. Sie verändert sich nie. In dieser Stille ist alles möglich und nichts. Nichts individuelles ist hier, nichts persönliches. Ereignisse über Ereignisse folgen aufeinander wie Perlen an einer Schnur. Betrachtungen, Anschauungen aus persönlicher Sicht sind nichts weiter als Irreführungen im Verstand. Hier gibt es nur Irrwege, die Irrwege der Person, welche glaubt, zu existieren.
Nur in der totalen Abwesenheit von allem erfährt man, was wirklich ist. Das Unbeschreibliche...totale Leere und doch ist da scheinbar etwas, buchstäblich nicht von dieser Welt. In der totalen Abwesenheit meiner selbst ist nichts, woran ich mich festhalten kann. Nicht ein einziger Strohhalm, den der denkende Verstand mir liefern könnte. Wohin will man hier noch gehen? Was gibt es zu tun? Nichts... Nur dies. Stille inmitten einer erdachten Welt. In meiner scheinbaren Anwesenheit verliere ich mich und sehe etwas...wie in einem Traum. Alles scheint so real, so echt. Doch sind da nichts weiter als Luftschlösser, die ich, der Träumer, für real halte...einschließlich meiner selbst. In der Abwesenheit von allem endet auch dieser Traum. Traum, Träumer und das Geträumte lösen sich auf und übrig bleibt das, was ist. Das Ende des Traumes ist das Verschwinden des Träumers, der Person. Stille ist alles, was bleibt. Nur dies. In dieser Stille offenbart sich das, was ist. Weder hier noch dort.

Weder angenehm noch unangenehm, sondern einfach so.

Jenseits eines jeden Wortes, jenseits der Dualität ist Stille. Spürbare, greifbare, unfassbare Stille, die du selber bist. Du kannst sie nicht kennen, denn ein Erkennen gibt es nur im Verstand. Diese Stille jedoch ist vor einem jeden Gedanken. Sie ist. Mögen Gespräche oder jegliche Aktivität in der Welt noch so laut und vordergründig sein...die Stille ist und nur sie ist. Alles kommt und alles geht. Die Stille bleibt. Sie ist die totale Abwesenheit von allem und in dieser Abwesenheit werden ihre Erscheinungen offenbar als scheinbare Anwesenheit. Eine jede Erscheinungsform ist nichts weiter als die Erscheinung der Stille, des Seins. Hier ist weder etwas rein noch unrein, weder gut noch schlecht. Es ist immer so, wie es ist. Ein Ausdruck der Stille. Das ist ihr Spiel. Nur in ihrem Ausdruck, ihrer Erscheinung, in der Zeit gibt es Wahrnehmung.

Wahrnehmung ist immer an Objekte gebunden, die erscheinen und einen Anfang und ein Ende haben. Ewig ist die Stille, in der dies alles erscheint und doch ist nichts getrennt von dieser Stille, es sieht nur so aus, als ob. Sein und Nicht-Sein. Erscheinung und ihre Abwesenheit, alles ist eins. In einer jeden Erscheinung offenbart sich die Freude des Seins. Dies ist eine Freude, die keine Freude kennt, weil sie die Freude ist. So ist es mit allem. Stille kann sich niemals selbst erkennen, weil sie das ist...was ist. Das was ist, erkennt nichts. Es ist das...Wir können es drehen und wenden, wie wir wollen. Mit Hilfe des Verstandes kommt niemand dorthin, wo es so wirklich still ist. Denn der Verstand ist ein Bedürftiger, der niemals zufrieden ist, egal was auch immer er bekommen mag.

Wenn du die Stille berühren willst, musst du zu dieser Stille werden, auch wenn es nur für einen kurzen Augenblick sein sollte. Dieser Augenblick kann genügen, dir einen Blick auf das zu verschaffen, was du wirklich bist. Niemand kann es dir geben, weil du es bist. Du hast es nur vergessen. Das wirst du weder im Verstand noch sonst wo finden und schon gar nicht durch Nachplappern irgendwelcher Advaita-Floskeln. Dies ist alles nur Selbst-Betrug eines Denkers, der glaubt, etwas erreicht zu haben. Etwas, von dem er in Wirklichkeit nicht mal den blassesten Schimmer hat, weil es nicht „etwas" ist. Stille wird nicht erkannt oder erreicht...weder von einem Jemand noch von einem Niemand. Stille ist und nur sie allein ist...

LOVE

Ich, das Absolute

Weißt du, der du dies hier liest, dass du nicht getrennt bist von dem, was du da gerade liest? Um es noch deutlicher zu machen: du bist der Schreiber dieser Zeilen, obwohl natürlich ich sie geschrieben habe. Ja, es ist schon verrückt, dieses Spiel, genannt das Leben... Da ich vor einem jeden Ereignis bin und somit vor allem, bin ich natürlich auch in einer jeden Erscheinung, einem jeden Ereignis. Und natürlich auch dahinter. Ich bin somit das einzige, was sich nicht verändert in der Welt der Veränderungen. Ich erscheine in unzähligen Formen, liege ihnen zugrunde und erwecke sie zum Leben. Keine Form, wie auch immer sie geartet sein sollte, ist von mir getrennt. Wie sollte dies auch möglich sein, ist sie doch nichts anderes, als eine Ausdrucksform meiner selbst. Ich kann mich nur ausdrücken, indem ich mich trenne, scheinbar spalte ich mich auf und bilde viele unzählige Aspekte meiner selbst in diesen zahlreichen Formen. Und es geschieht ohne Anfang und ohne Ende. Ich liege allem zugrunde, wirklich allem. Du magst urteilen, dass dir das eine oder andere missfällt und das soll auch so sein. Aber ehrlich gesagt, nichts spielt wirklich eine Rolle Wie in einem Theater, in welchem ein jeder oder eine jede seine/ihre Rolle spielt, so spielt ihr auch hier nur die Rolle, welche ich euch zugedacht habe. Das Leben ist ein Spiel, mein Spiel und ich spiele es mit mir selbst. So sehr habe ich mich in dieses Spiel mit mir selbst vertieft, dass ich ganz und gar vergessen habe, wer ich in Wirklichkeit bin. Nur durch meine Spielfiguren kann ich mich erkennen und weiß, dass ich lebendig bin und glaube, zu existieren. In einer jeden Figur bin ich präsent und lebe ein anderes Leben mit einer anderen Rolle. So viele Geschichten und Rollen, alle werden gespielt und für wahr gehalten, so lange wie es gehen soll. Ich, das Absolute, bin von nichts betroffen, es sieht immer nur so aus, als ob. Egal, was auch immer mir geschehen mag, es betrifft mich nicht, immer nur scheinbar. Mag es noch so grausam oder auch schön anmuten. Ich, das Bewusstsein, bin nicht betroffen. Es ist mein Spiel und am Ende geht es wieder von vorne los, immer und immer wieder. Nichts in dieser vollkommen erdachten Welt ist von Bedeutung, außer der Bedeutung, welche wir den Dingen scheinbar geben. Ich habe alles inszeniert, dies ist mein Drehbuch und meine Story...unzählige Storys. Ich kann mich nur in meinen Erscheinungen offenbaren, ohne Erscheinung kann ich mich nicht finden. Ich liege allen Erscheinungen zugrunde. Alles ist leer und diese Leere offenbart sich in einer jeden Erscheinung, in einer jeden Form. Alles bin ich ohne Ausnahme. Dir mag es sonderbar vorkommen, weil du urteilst und grausame Dinge siehst in dieser Welt. Unglücke, Verbrechen, Natur-katastrophen und halt auch persönliche Schicksalsschläge, Dramen usw. All dies betrifft nicht mich sondern nur dich, der du glaubst, zu existieren und ein eigenes Leben zu führen. OK..ich habe dich so programmiert, so soll es sein und wenn du dies glauben sollst , dann sollst du es glauben. Eines aber wisse: Du bist niemals getrennt von mir, niemals. Was auch immer passiert. Du bist das, was vor allem, vor einer jeden Erscheinung ist. Du bist von nichts getrennt. Nur in der Erscheinung scheint es so zu sein. Du bist das alles, nicht als Person, sondern als Bewusstsein und dieses Bewusstsein benötigt immer neue Formen, um sich auszudrücken...dich also und nur dich. In einer jeden Form erscheine ich. Bereit, im Mittelpunkt einer Welt zu stehen und ein Leben zu leben. Ich, das Absolute, das vergessen hat, wer es in Wahrheit ist. Ich habe mich hinein geschmissen in die Verkörperung des Fleisches, nur um zu erfahren, wie es sich so als Mensch oder Tier lebt. Vollkommen vergessen meiner selbst, nichts wissend, stehe ich hier und lebe ein persönliches Leben von dem ich glaube, dass es meines ist. So ist es ja auch, nur eben nicht als getrennte Person sondern als Bewusstsein, das alles ist. Also, solltest du dir noch mal Gedanken machen und glauben, dass du es bist, welcher denkt, lass dir eines gesagt sein... Du bist nicht der Denker deiner Gedanken und du bist auch nicht der Täter deiner Taten. Du bist nicht der Entscheider und du bist auch nicht der Schuldige für deine Handlungen. Ganz einfach weil es dich als eigenständige Person gar nicht gibt. Du bist nur ein Ausdruck des Bewusstseins, nichts persönliches oder eigenständiges ist dir eigen. Es sieht nur so aus, als ob. Lebe dein Leben, als ob es dein eigenes wäre. Tu, was immer du für richtig hältst und triff Entscheidungen. Wenn du weißt, wie die Dinge laufen und dass ich dir sozusagen zugrunde liege, weißt du: es ist wie es ist und es kann auch gar nicht anders sein. Du wirst Frieden finden im Erkennen deiner persönlichen Nicht-Existenz. Leben kümmert sich nur um sich und in keiner Weise um dich. Weißt du, wenn ich mich um mich kümmere, kümmere ich mich ja eigentlich auch um dich...

LOVE

Was ich bin...

Was ich bin, ist nicht zu sagen. Alles, was ich sagen kann, hat keine Bedeutung. Die Bedeutung ist es, die allem ein Gewicht gibt. Ohne Bedeutung ist nichts. Bedeutung ist ein Kind der Zeit. Ich bin ein Kind der Zeit, durch Zeit erschaffen, habe einen Anfang und ein Ende. Doch bin ich Zeit? Die Zeit erscheint in mir. Ich ermögliche die Zeit und somit meine eigene Existenz, meine Erscheinungen. Existenz wird an Bedeutung gemessen, ohne Bedeutung ist nichts. Das Spiel der Bedeutungen ist das Spiel des Lebens. Hier wird die größte Bedeutung dem Denker, der vermeintlichen Person beigemessen. Selbstverständlich auch nur eine Erscheinung, durch die Zeit erschaffen. Es gibt nur ein Ich und dieses Ich hat keine Bedeutung, es ist allem immanent. Das, was Bedeutung hat, kann nicht Ich sein. Es mag zwar so aussehen, doch Ich bin davor, immer. Du, der du denkst, dass du es bist, der lebt, arbeitet, denkt, entscheidet...du bist einem Irrtum aufgesessen. Der Irrtum, welcher dich glauben macht, du zu sein. Doch du bist Ich...immer. Und nur Ich bin. Vollkommen bedeutungslos, unpersönlich...aktive Gegenwart. Jetzt und hier.

LOVE

Ewig ist nur ein Wort...

Ewig ist nur ein Wort. Ewig bin nur ich, allein aus dem Grund, weil ich vor einer jeden Erscheinung und auch in ihr enthalten bin. Alles erscheint in mir. Kurze Augenblicke im Licht, so schnell vorbei. Eine Erscheinung ist eine Erscheinung, sie hat einen Anfang und ein Ende. Eine jede Erscheinung ist ein Kind der Zeit. Alles, was wahrnehmbar ist, ist ein Kind dieser Zeit. Das, was wahrnimmt, ist jenseits der Zeit...zeitlos, doch in der Erscheinung zeitlich. Ohne Zeit, ohne einen Anfang und ein Ende, würde es keine Wahrnehmung geben. Es gibt hier nichts zu transzendieren oder auch zu erkennen. Alles ist so, wie es sein soll, genau so wie es jetzt ist. Eine jede Erscheinung, inklusive ich selbst, kann nichts anderes sein als die Ewigkeit, welche allem zugrunde liegt und allem immanent ist. Ich bin also die Ewigkeit aber nicht in meiner Erscheinung. Wir, die wir so sehr mit der Vergänglichkeit hadern, können gar nicht sehen, dass dieses Zeitliche eigentlich die absolute Ewigkeit ist. Von der persönlichen Sichtweise her ist dies nicht zu verstehen. Hier sind dem Denker Grenzen gesetzt, die er nicht zu überschreiten vermag.
Wenn der Tod als ein vergängliches Ereignis im sich ewig erneuernden Leben gesehen wird, endet alles...vor allem die Einbildung, jemand zu sein. Dieser Jemand glaubt so viel und er denkt, die ganze Welt dreht sich um ihn. Dabei bemerkt er gar nicht, dass er es ist, der bewegt wird. Ewig. Ein ewiger Kreislauf ohne Anfang und Ende, ohne den Hauch einer Persönlichkeit. Nur ein Gedanke macht dich zu dem, der du denkst zu sein. Nur

ein Gedanke. Du denkst, dass du denkst und deshalb hältst du dich für den Denker. Doch da ist nur ein Gedanke und dieser Gedanke ist nicht persönlich. Gedanken sind Kinder der Zeit wie alle Erscheinungen. Wir alle sind Kinder der Zeit. Reine Vorstellungen, erfahrbare Träume für niemanden.

Ich war niemals hier, weder hier und jetzt noch sonst wo. Ich war nicht, bin nicht und werde niemals sein. Diese vermeintliche Gegenwart ist absolut unpersönlich, sie kennt weder dich noch mich. Alles hier ist ein Spiel ohne Inhalt, alles schon geschehen, schon längst passiert. Der Ablauf geschieht und das ist alles.

LOVE

Ich bin verbrannt im Feuer der Liebe....

Ich bin es, vor dem du immer davon läufst. Siehst du mich nicht? Hörst du mich nicht? Immer offenbare ich mich dir. Doch du bist nie da, bist immer woanders... Ich will doch nichts anderes, als mit dir zu sein. Hier, jetzt. Doch du denkst, glaubst diesen Gedanken und bist nie bei mir. Ich liebe dich so sehr, so sehr. Wenn du wüsstest, wie sehr ich dich liebe. Meine Liebe ist ewig. Alles andere ist begrenzt. Schau doch nur, wie ich dir alles zu Füßen lege, doch du trittst darauf, siehst es nicht.

Du suchst die schönen, die friedlichen Dinge des Lebens im Verstand, doch dort sind sie nicht, können sie nicht sein. Da findest du den Ausdruck der Dualität. Der Verstand, in Form des persönlichen Denkers, ist nichts weiter als eine Vorstellung. Eine Vorstellung vom Ich und von der Welt. Die Welt der Liebe ist keine Vorstellung, sie liegt deiner Persönlichkeit zugrunde. Schau doch nur. Ich bin immer da...immer. Niemals warst du ohne mich. Alles wird dich eines Tages verlassen, wirklich alles. Nichts mehr wird bei dir bleiben...nur ich, ich verlasse dich nie. Ich bleibe, ich bin und war. Ich kann gar nichts anders. Denn ich bin dein wirkliches Sein, deine ureigenste Natur. Ich kenne dich besser als du glaubst, dich zu kennen. Ich war schon hier bevor du warst und werde auch nach deinem Verschwinden noch sein. Ich bin vor allem. So oft bist du so weit entfernt. Beschäftigt mit den scheinbar wichtigen Dingen des Lebens. Doch alles vergeht. Warum mühst du dich so ab? Für nichts und wieder nichts. Du kannst nichts halten. Du bist nur eine Vorstellung, an welche geglaubt wird, das ist alles. Du hast keine eigenständige Existenz. Nur ich bin, die Liebe, vollkommen bedingungslos. Ich greife nie ein in ein Geschehen, wie sollte ich. Ich lasse die Dinge, wie sie sind. Mit jedem deiner Gedanken entfernst du dich scheinbar von mir. Durch deinen Glauben an dich selbst, an deine Persönlichkeit, an deine eigenständige Existenz trennst du dich von mir und verlässt mich. Doch lass dir sagen. Wir sind und waren nie getrennt. Da kannst du glauben, was immer du willst. Wie kann ein Gedanke uns trennen? Ich bin die wahre Liebe...die kannst du nicht suchen, die bist du selbst. Zu mir gibt es keine Entfernung. Ich bin an keinem Ort. Ich bin überall und nirgends. Siehst du mich in allen Dingen...? Kannst du das? Dies ist alles. In allem diese Liebe zu sehen, das ist alles, mehr ist nicht nötig. Du glaubst an die Liebe des Verstandes, doch diese Liebe gibt dir keine Erfüllung. Sie ist abhängig, bedingt ein Gegenüber. Hat sich selbst zum Objekt gemacht. Ich gebe dir vollkommene Unabhängigkeit. Ich enttäusche dich nie.

Die Liebe in der Vorstellung, im Verstand wird dich immer enttäuschen. Schau mir in die Augen ohne deine rosarote Brille der Persönlichkeit. Sieh mich mit leeren Augen an. Du wirst mich überall sehen. Es gibt keinen Winkel in dieser Welt, wo ich nicht zu finden bin. Ich bin im ärmsten Vagabunden am Straßenrand genauso wie im reichsten Menschen, welcher alles zu haben scheint, im Rotkehlchen und der Kakerlake... Ich schließe nichts aus, gar nichts. Mir ist alles recht. Was für eine Freude, wenn wir uns endlich begegnen. Es wird keine Begegnung sein, nein es ist ein Wiedererkennen. So lange warst du fort von Zuhause. Was für eine Freude, wenn wir wieder verschmelzen. So selig, so süß... Vollkommen frei, zu tun was immer uns beliebt. Unschuldig wie die Kinder ist unsere Liebe, jetzt und zu aller Zeit. Immer wieder begegnen wir uns. Wenn wir aufeinander treffen, ist es wie eine Explosion. Ich verbrenne alles, vor allem das Falsche, Eingebildete. Ich verschlinge es bis

nichts mehr bleibt...nur noch du und ich. Nur wir zwei. Zuletzt wird dann das letzte Feuer entzündet. Kein du, kein ich, nur Liebe.
Vollkommene Vereinigung, die keiner Vereinigung bedarf. Nichts bleibt, nur ich...die Liebe. Ich bin...

LOVE

Liebe ist so radikal...

Liebe ist und nur sie ist. Es ist Liebe, die dir die Begegnung ermöglicht. Es ist Liebe, die dich den Partner finden lässt, der für dich geschaffen scheint. Es ist Liebe, die jedwede Bindungen kappt. Es ist Liebe, die Kriege entfacht. Es ist Liebe, die auf ihre eigene Art zu sich selber findet. Nur Liebe findet sich und sonst nichts. Wir, die wir glauben, uns verloren zu haben, sehen nicht die ursprüngliche Liebe, welche wirklich allem zugrunde liegt. Die Liebe trägt alles, ohne Ausnahme. Ein Blick in deine Augen sagt mir.."Ja, ich bin es, wer denn sonst."... ja, es ist immer ich und ich erkenne dich und du mich. Seit ewiger Zeit geht dieses Spiel und es spielt sich ohne Anfang und ohne Ende. Weil ich dich immer wieder finden will, in dieser Welt, in der ich mich verloren habe. Ich, das Absolute, das sich im Fleisch verloren hat, nur um zu erfahren, wie es ist, ein Mensch zu sein. Aus lauter Liebe zu mir selbst habe ich es getan und nur aus einem Grund: um dich zu finden. Dich, der du nichts anderes bist als ich selbst.
In der Liebe des Seins habe ich dich gefunden. Nicht als Person, sondern als die Liebe, welche sich immer wieder findet, wenn sie scheinbar auf die Suche geht. Da warst Du, diese Begegnung, die eigentlich gar keine Begegnung ist, sondern ein Wieder-erkennen. Es war ein Gefühl von Vertrautheit. Deine Nähe, die man nicht mehr missen wollte. Warum? Es war, als ob man zu sich selber findet. Das, was man so lange suchte, vergeblich... Dabei ist es so nah. Es war nie fort. Es ist schon immer da

gewesen. Durch die Form drückt es sich aus. Es bildet unzählige Formen, versteckt sich in den Formen und erschafft den Verstand, um sich selbst zu finden. Diese Liebe offenbart sich in einem einzigen Augenblick. Es ist keine persönliche Liebe. Es ist das Verschmelzen in der Gegenwart des Anderen. Hier wird die eingebildete Persönlichkeit vollkommen fallen gelassen und nichts bleibt. Nicht mal der oder die Andere, nur Sein. Wenn du durch die Tür des Anderen gehst, findest du immer zu dir selbst. Verschmelzen heißt Verschwinden... Wenn alles wegfällt, ist selbst das Wort Liebe eine Anmaßung. Liebe ist so radikal, dass sie alles auslöscht. Absolut alles, was man sich je vorgestellt hat. Die wahre Liebe verbrennt dich bis auf den Grund, bis nichts mehr bleibt, nicht einmal mehr die leiseste Vorstellung von dir selbst. Alles, was du denkst und glaubst, ist es nicht und kann es nicht sein. Erscheinungen, so schön und auch schrecklich sie sein mögen, sind Erscheinungen in dir, dem Zeitlosen. Du bist das Einzige was wirklich ist, weil du dich noch nie bewegt hast. Du bist hier. Nur der Fluss des Lebens bewegt sich von seiner Quelle zur Mündung, dort vereint er sich mit dem Ozean. In Wirklichkeit ist nichts passiert. Nur der Traum eines Ereignisses in Raum und Zeit.

LOVE

5. Der spontane, automatische Ablauf des Lebens

Natürliche Achtsamkeit...

Was wird nicht alles berichtet über Achtsamkeit, vor allem in esoterischen und buddhistischen Kreisen. Achtsamkeit ist in aller Munde und wird als Privileg gesehen, möglichst verbunden mit dem dazu gehörigen Halblächeln und das ganze, wenn möglich 24 Stunden am Tag. Da wird dann darauf hingewiesen, dass man am Grad seiner Achtsamkeit feststellen kann, wie weit man spirituell (was immer das bedeuten mag) auf seinem Weg zur sogenannten Erleuchtung fortgeschritten sei. Der achtsame, dauerlächelnde Mensch wird dann als etwas ganz Besonderes gesehen, ein der Welt entrückter sozusagen.

Mit dem natürlichen Zustand des Menschen hat dies allerdings überhaupt nichts zu tun. Es gibt keine natürliche Achtsamkeit. Denn Achtsamkeit ist, genauso wie alles andere, eine Vorstellung. Ein achtsamer Mensch hebt sich von anderen ab. Er ist besonders. Im natürlichen Zustand jedoch ist reines Funktionieren angesagt. Hier ist der (wie ein Tier) funktionierende Körper weder an Achtsamkeit noch an anderen Formen der Selbstkontrolle und Besonderheit interessiert. Das einzige, was diesen Körper interessiert, egal ob Mensch oder Tier, ist sein Forstbestand und damit verbunden das Aufrechterhalten seiner Funktionen. Hier spielen weder Moral noch bedingte oder unbedingte Liebe eine Rolle. Hier ist einfach nur der reine Ausdruck des Seins. Reines Funktionieren. Weder ein Jemand noch ein Niemand setzt sich der Kraft entgegen, welche durch diesen Körper wirkt. Es ist das Leben selbst und dieses Leben kümmert sich einen Dreck um Gedanken und Vorsätze jedweder Art. Es findet Reaktion und der vollkommen automatische Ablauf statt, ohne dass da jemand wäre, der eingreifen könnte. Alles ist perfekt so, wie es ist.

Wir alle glauben, dass es etwas zu erreichen gäbe. Wir haben uns auf die Suche nach dem Wunderbaren begeben, um ein besseres, leidfreies Leben zu erlangen. Es wurden Methoden und Konzepte geschaffen, um uns diesem Ziel näher zu bringen. Das funktioniert aber nicht. Es gibt da diese wunderbare Geschichte: Der Meister bekommt Besuch von seinem weit fortgeschrittenen Schüler. Der Schüler zieht seine Schuhe aus und tritt ein. Man sitzt längere Zeit schweigend da in absoluter Stille. Dann irgendwann ertönt die Stimme des Meisters mit Donnerhall: „An welcher Seite der Tür hast du deine Schuhe abgestellt?" Der sehr weit fortgeschrittene Schüler ist völlig verdutzt, er beginnt zu schwitzen, steht auf und läuft davon. Er wusste es nicht. Ihm war nun scheinbar klar, dass er noch ganz am Anfang stand, er hatte noch viel zu lernen, um 24 Stunden am Tag absolut bewusst und achtsam zu sein.

So ist das mit allen spirituellen Konzepten und Vorstellungen. Letztendlich geht es doch nur darum, WER hier bewusst und achtsam sein möchte, dann hat sich alles erledigt. Hierzu noch eine kleine Anekdote aus meiner jüngsten Vergangenheit. Ich habe mein Geldinstitut gewechselt und damit verbunden eine neue Kontonummer und Karte erhalten. Kurz vor unserem Eifel-Urlaub, alles war schon gepackt, kam der Impuls, meine alte Sparkassenkarte zu entwerten. Tage vorher hatte ich sie schon aus meiner Geldbörse verbannt, wie ich glaubte. Nun also nahm ich eine Schere und zerschnitt die Karte....zwei, drei mal, natürlich auch den Chip. Denkt sich auf einmal, schau mal auf die Nummer, ob es auch wirklich die alte Karte war. Natürlich war es die neue... Nun stand ich ohne Karte da. Stimmt nicht so ganz, meine alte Dortmunder Karte weilte völlig unversehrt in der Geldbörse, nur dass sie jetzt völlig nutzlos war. Ich hätte ja auch vorher schauen können, aber dies war offensichtlich nicht vorgesehen. Das Leben ist ein einziger Witz und achtsam zu sein, habe ich schon lange aufgegeben. Es ist so, wie es ist... Schallendes Gelächter ist alles, was bleibt. Wir wissen nicht, warum etwas geschieht, egal was. Nichts hat eine Bedeutung. Das Leben macht einfach, was es will und wenn Reimund den Deppen spielen muss, dann spielt er ihn, ob ihm dass nun passt oder nicht.

Bewusstsein ist alles, was ist...

Und wenn es noch so weh tut und wenn es noch so schön ist... Es gibt kein Entkommen aus dem, was ist. Du kannst dir nicht entkommen, niemals. Was du auch anstellen magst. Die Dinge sind so, wie sie sind. Jeder Versuch, etwas ändern zu wollen, ist schon zum scheitern verurteilt. Ganz allein aus dem Grunde, weil alles schon längst passiert ist. Was auch immer geschieht, es geschieht, weil es geschehen muss. Es gibt keine andere Möglichkeit als dieses Ereignis jetzt und du, in Form dieses Körpers, musst da durch, da gibt es kein Entkommen...für niemanden.

Jedoch ist hier weder jemand noch niemand, welcher entkommen könnte oder dem irgendetwas geschieht. Ein Film ist endgültig. Da können Szenen unermesslichen Ausmaßes ablaufen, dramatisch oder auch traumhaft schön, voll Traurigkeit oder Himmel-hoch-jauchzend. Alles ist bereits geschehen. Der Film ist schon im Kasten, er ist fertig gedreht. Was will man da noch ändern? Die einzige Chance wäre, einen neuen Film zu drehen...aber dieser Film hier ist nicht mehr zu ändern. Der ist so wie er sein soll, so wie das Drehbuch geschrieben wurde und deshalb kann kein Ereignis in deinem sogenannten Leben anders sein, als es ist. Du kannst dies noch nicht einmal bezeugen, zuschauen oder sonst was. Denn wer solle hier etwas bezeugen? Da ist der Ablauf dessen, was ist und dies ist alles. Da ist ein Schauen und in diesem Schauen ist die totale Abwesenheit von allem, was man sich so vorstellen kann. Ich als der Macher bin raus...ich war ja noch nie drin. Hier ist nur der Ablauf dessen, was ist...ohne mich. Vorstellungen und Gedanken stören mich nicht, was auch immer passiert, passiert weil es passieren muss. Hier ist kein Ausschluss möglich. In der totalen Aufmerksamkeit siehst du die Dinge kommen und gehen...eine Erscheinung nach der anderen. Alles steigt aus der Leere auf und verschwindet wieder. Im Ablauf eines Filmes wird sogenannte Zeit benötigt, um eine Geschichte zu erzählen. Doch in Wirklichkeit ist nichts, aber auch gar nichts passiert. Wenn das Licht ausgeht, ist der Film zu Ende. Alles was bleibt, ist das, was ist.

Du spielst noch nicht mal eine Rolle in diesem, „deinem" Film. Es mag vielleicht so aussehen... Deine scheinbare Existenz ist nichts weiter als ein Fake, eine Vorstellung. Vorstellungen und Gedanken, Gefühle und Eindrücke mögen da sein, millionenfach, doch es hat hier noch nie jemanden gegeben, welcher sie hervorgebracht oder durchlitten hätte. Es ist immer der ganze Film, der hier abgespielt wird. Ein Film, den das Leben für sich selbst geschrieben hat, völlig unpersönlich aber so aussehend, als ob. Also was bleibt dir zu tun? Nichts, gar nichts...außer, die Tatsache zu sehen, dass du nicht anders kannst als du sollst und dass du nur der sein kannst, der du bist. Die Tatsache deiner Hoffnungslosigkeit und Hilflosigkeit gegenüber deiner jetzigen Situation mag vielleicht etwas frustrierend sein. Bei genauer Betrachtung aber wirst du frei sein von jeder persönlichen Vorstellung, es anders haben zu wollen, als es ist.

Die Freiheit von der Last der persönlichen Täterschaft wird denen zu teil, die erkannt haben, wer sie sind und in diesem Erkennen, besser gesagt in dieser Klarsicht, sind sie verschwunden, gestorben. Es hat sie noch nie gegeben und es wird sie auch nie geben. Hier ist nur Leben, Bewusstsein und sonst nichts... Bewusstsein ist alles was ist. Es gibt nichts außer Bewusstsein.

LOVE

Der freie Wille

Manche Leser meiner Texte sind der Ansicht, dass diese lebensfeindlich seien. Da wird von Hoffnungslosigkeit, von Automatismus geschrieben und dass wir alle Marionetten in Gottes Hand sind. Nicht zuletzt der alles entscheidende Satz: „Kein Täter, nur Taten."... Also wird daraus gefolgert und von der persönliche Sichtwiese aus betrachtet ist sonnenklar: Ich gehe aufs Schafott und lasse mir den Kopf abschlagen. Ist ja eh alles determiniert. Niemand kann etwas machen und einen freien Willen gibt es ja auch nicht, so wie hier immer geschrieben wird.

Ich sag mal so, es gibt den freien Willen und wir alle sind so frei, zu tun, was immer uns zu tun beliebt. Das mag jetzt widersprüchlich erscheinen, ist es aber nicht. Bei näherer Betrachtung wird nämlich gesehen, dass die Wahlmöglichkeit ein ganz wesentlicher Bestandteil dieses Spiels, genannt das Leben ist. Gott, das Bewusstsein oder wie auch immer wir es nennen wollen, hat unzählige Charaktere geschaffen, sie mit Programmen ausgestattet, damit sie so funktionieren, wie sie funktionieren sollen. Ein jedes Programm anders...individuell. So muss es einen freien Willen für den programmierten Körper-Verstand geben, das geht doch gar nicht anders. Wie sollte denn Kommunikation stattfinden, wenn nicht ein jeder oder eine jede davon überzeugt wäre, eigenständig zu existieren, entscheiden und zu handeln. Der freie Wille und die Wahlmöglichkeiten sind fester Bestandteil dieses Spieles hier. Doch bei klarer Sicht erweist sich dieser freie Wille und diese Handlungsfreiheit als Witz. Ganz schnell erkennt man, dass diese Freiheit nicht viel Wert sein kann. In der Bhagavat Gita heißt es so schön: „Du hast ein Recht auf die Handlungen, Arjuna, aber die Früchte, die überlässt du mir..." Und so ist es. Wir handeln, weil wir handeln müssen und zwar genauso, wie es unseren Programmen entspricht. Auf die Ergebnisse allerdings hat niemand einen Einfluss. Dies sieht hier immer nur so aus, als ob. Ich möchte hier niemandem den Spaß verderben, der sein Leben genießen will, Spaß und Freude haben möchte usw.... Das will ich auch, glaubt mir. Vielleicht mehr als jeder andere, gerade weil hier um die Dinge gewusst wird. Ein Blick hinter die Kulissen kann manchmal sehr heilsam und vor allem ernüchternd sein. Also genießt und fühlt, was das Zeug hält, habt Sex oder auch nicht, ein jeder oder eine jede so, wie sie mag. Ich bin überhaupt gegen gar nichts und wünsche mir von Herzen, dass wir alle hier ein erfülltes Leben haben. Wie auch immer. Der Sinn meiner Texte ist es, aufzurütteln und einfach mal die verblendete Sichtweise des Glaubens in Frage zu stellen und zumindest mal kurz auf das zu schauen, was allen Erscheinungen zugrunde liegt. Wir, die wir glauben und uns in Gruppen verkriechen oder uns nur mit sog. Gleichgesinnten umgeben, verlieren vollkommen den Blick für die Wirklichkeit. Alles in diesem Leben kann nur mittels Konzepten erklärt, benannt und verstanden werden. So sieht es aus, da gibt es keine Ausnahme. Auch der scheinbar Erwachteste arbeitet mit Konzepten, wie sollte es auch anders gehen? Alles sind nur Fingerzeige auf das, was nicht zu benennen ist. Die Wahrheit, welche allem zugrunde liegt, kann weder erkannt noch erfahren werden. Sie kann aber intuitiv erfasst werden. Sie ist jenseits von allem Vorstellbaren und garantiert keine Meinung.

Ich für meinen Teil weiß, dass ich vollkommen frei bin, zu tun, was immer mir beliebt. Jeden Augenblick habe ich die Wahl, ich plane und gestalte, gerade so wie es sein soll... Es gibt keine Untätigkeit. Keine Erscheinung ist untätig. Eine jede ist immer in Bewegung. Versuche einmal, ganz bewusst nichts zu tun. Wie lange wird es dir gelingen und wenn du noch so erschöpft sein solltest, irgendwann steht es auf und macht irgendetwas. So oder so... Der Körper läuft vollautomatisch und zwar genau gemäß seiner Programmierung.

Wenn klar erkannt wird, es gibt keinen Täter sondern nur Taten geschehen, dann erst ist man wirklich frei, zu tun was immer einem beliebt. Man tut halt so, als ob es einen freien Willen gäbe, wohl wissend, dass es ihn nicht gibt und nie geben wird. Was soll's...ich genieße das Leben in vollen Zügen, so wie es sich mir darbietet, ohne Ausnahme und in jeder Hinsicht. Ich bin der Handelnde, welcher nie eine Handlung begangen hat. Das ist Freiheit...Freiheit von einer Freiheit, die es so gar nicht gibt. Das einzige, was dich daran hindert, wirklich frei zu sein, ist die

Vorstellung deiner selbst. Wenn diese Schranke gefallen ist, kann geschehen, was immer geschehen soll. Wen sollte es denn auch kümmern? Wen...?

LOVE

Automaten haben keine Wahl....

Die einfache Erkenntnis, nichts weiter als ein programmierter Computer zu sein, befreit ungemein. Nun bist du frei, zu tun, was immer du willst. Du bist absolut frei. Denn wer sollte dich daran hindern, zu tun, was immer dir vorbestimmt ist, zu tun? Du hast nichts in der Hand. Alles geschieht so, wie es geschehen soll.
Programme laufen ab in dieser Welt, welche nichts anderes ist als eine Simulation. Niemand kann anders, als er soll. Ganz einfach aus dem Grund, weil er keine eigenständige Existenz hat. Programme laufen ab, mehr geschieht nicht. Sollte sich eines dieser Programme aufregen und nicht einverstanden sein mit dem, was da so abläuft, ist das natürlich ein Witz... Denn wie könnte es anders sein, als es ist? Selbstverständlich ist dies auch Bestandteil des jeweiligen Programmes...somit nicht zu ändern. An dem, was tatsächlich ist, ändert es sowieso nichts... Die Vorstellung einer eigenständigen Existenz mag sehr verlockend sein. Wir haben sie ja auch unser ganzes Leben lang geglaubt und uns so daran gewöhnt. Sie ist aber nicht mehr als eine Vorstellung im Mind, ohne jeden Wahrheitsgehalt. Es gibt keinen einzigen persönlich Handelnden in dieser Welt. Nichts, aber auch gar nichts kann eigenständig entschieden werden. Es ist allerdings Teil dieses Spieles, dies zu glauben und davon überzeugt zu sein. Das Lebensspiel ist so aufgebaut, dass es aus vielen einzelnen Charakteren besteht, welche scheinbar ein eigenes Leben führen und natürlich auch handlungsfähig sind. Niemand braucht sich also Sorgen zu machen, dass er nun nichts mehr tut, untätig und passiv oder aber überaus aktiv ist oder

sonst was. Nichts Besonderes geschieht, sollte die Erkenntnis, nur ein Automat zu sein, von dir Besitz ergreifen. Alles läuft weiter wie bisher. Nur du vermagst einfach nicht mehr zu glauben, dass du der Handelnde bist...das ist alles. Allein diese Tatsache befreit und schafft Frieden, stabilen Frieden in einer jeden Situation. Was wird nicht alles geredet über Erleuchtung oder Erwachen. Nichts, aber auch gar nichts gibt es zu erreichen, außer die Tatsache zu verinnerlichen, dass ich nicht anders kann, als ich soll. Jede meiner Handlungen ist programmiert und somit vorherbestimmt, ohne Ausnahme. Der Film des Lebens ist geschrieben, das Drehbuch abgeschlossen und somit ist nur noch der Ablauf des Ganzen zu betrachten, das ist alles. Du magst dich aufregen, begeistert sein und was weiß ich noch. All dies gehört dazu, zu dieser gigantischen Seifenoper, genannt das Leben. Manch einen mag es in Angst und Schrecken versetzten. Vielleicht glaubt er, mit einem höheren Bewusstseinsgrad dem Marionetten-Dasein entkommen zu können, indem er nun bewusster, achtsamer, meditativer ist, mit dem Ziel, schmerz- oder leidfrei zu sein. Alles Quatsch. Es kann nicht anders sein, als es sein soll. Es ist immer genauso, wie es für dich bestimmt ist. Das Leben drückt sich durch dich aus, weil es das will. Das ist alles. Es hat mit dir persönlich gar nichts zu tun. Du bist nur ein Kanal, durch den das Bewusstsein funktioniert, wahrnimmt, sich ausdrückt. Alles, was hierbei persönlich genommen wird, ist ein Trugschluss und führt uns unweigerlich ins Leid.

Was hat man nicht alles auf sich genommen, um von der Last dieses Lebens befreit zu werden. Dieses Streben hat ein Ende, wenn die Vorstellung persönlicher Täterschaft zusammenbricht. Nun weißt du, zum ersten mal weißt du wirklich, wer du bist. Und dies kannst du nicht benennen, weil es nicht in Worten auszudrücken ist. Wenn du das Falsche als falsch erkannt hast und jeglicher Glaube enttarnt ist, wirst du von einem Frieden erfüllt sein, der buchstäblich nicht von dieser Welt ist.

LOVE

Die Gnade, nichts zu wissen...

Nichts zu wissen ist das göttlichste, das einem passieren kann... Denn alles andere ist einfach nur ein Gedankengebilde. Nichts zu wissen, ist unser natürlicher Zustand. Wir alle waren hier, bevor wir als kleine Kinder konditioniert wurden. Selig lebt der kleine, vermeintlich geborene Körper in einem Zustand des Nicht-Wissens. Er ist einfach da. Es gibt ein Gefühl von Anwesenheit, das noch nicht einmal etwas von dieser Anwesenheit erahnt. Dies kommt erst später ins Spiel. So etwa zwischen dem zweiten und dritten Lebensjahr tritt das Ich in Erscheinung und es ist vorbei mit diesem seligen Dahinleben. Die Vorstellung beginnt und somit bildet sich die Schein-Persönlichkeit. Nun wissen wir bzw. glauben zu wissen und dies meist für den Rest unseres Lebens. Das, was wir für unser Leben halten, ist nichts weiter als eine Annahme, eine Vorstellung. Wir alle sind nichts weiter als Vorstellungen, welche sich das Bewusstsein erschafft, um diese Welt zu kreieren. Ich denke also seit dem Beginn dieser Persönlichkeit, dass ich eigenständig denke und handle und somit für alles verantwortlich bin. Was ist geschehen? Was...?

Das, was man Vater oder Mutter nennt, tauschte ein paar Körperflüssigkeiten aus. Daraus entstand ein Embryo, welcher sich im Bauch der Mutter entwickelte und nach ca. neun Monaten geboren wurde und nun begann, selbst zu atmen. Niemand hatte einen Einfluss auf diesen Ablauf. Alles läuft automatisch. Dieses Kind hätte eine Abtreibung sein können oder es wäre eine Fehlgeburt geworden oder oder oder... Auch das Geschlecht des Kindes hat niemand bestimmt. Es hat sich einfach so ergeben. Und wir glauben, so viel zu wissen, doch dabei ist alles nichts weiter als eine einzige Mutmaßung...

Du glaubst, du hast dein Leben in der Hand, weil du nicht in der Lage bist, richtig hinzuschauen. Schau doch mal den Ablauf deines ganzen Lebens an. Du hattest und wirst niemals etwas in der Hand haben, es sah immer nur so aus. Nicht nur als Kleinkind, auch jetzt. Wir denken, da wir in Besitz dieses Denkapparates sind, seien wir etwas Besonderes. Dabei sind wir lediglich denkende Tiere. Allen ist eines gemein: eine vollautomatische Lebensweise. Wir werden absolut gelebt. Hier in dieser Welt ist kein Platz für Individualität oder Persönlichkeit. Auch wenn es noch so aussehen mag. All die Künstler und herausragenden Persönlichkeiten, sie sind nichts weiter als Vorstellungen in einem Bewusstsein, das sich selbst gar nicht kennt. Es drückt sich lediglich aus und das durch jede Form...zu jeder Zeit. Wahrnehmung ist sein einziger Sinn. Nicht dies oder das.

Alles ist eine Offenbarung der Stille und hier wird nichts ausgeschlossen, gar nichts. Dieses ganze vermeintliche Wissen, das wir über Jahre angesammelt haben, ist gar nichts wert. Es hat nur den Wert, den wir dem ganzen durch das Konstruieren von Konzepten geben, das ist alles... Alles, alles ist ein Traum, welcher sich so echt anfühlt, dass es äußerst schwer fällt, daraus zu erwachen. Nichts in dieser Welt ist echt, doch wir glauben daran. Das Bewusstsein hat sich mit der von ihm selbst kreierten Person identifiziert und glaubt nun, getrennt zu sein vom Ganzen...glaubt an den Verlust der Einheit. Das ist der Witz. Wir sind (vermeintlich) aus dieser Einheit gefallen, indem wir glauben, ein von Gott getrenntes Wesen zu sein. Dies ist nicht möglich, nur in unserer Vorstellung. All unser Wissen, auf das wir so stolz waren, können wir getrost vergessen. Das müssen wir ohnehin, wenn es an den Verlust des Körpers geht. Dieser Körper, der nichts weiter als ein Wahrnehmungs-Instrument des Bewusstseins ist, wird sich eines Tage verabschieden. Es wird jetzt sein... Es geschieht immer jetzt und dann weißt du sowieso nichts mehr.

Du bist, und das ist alles... Weder dies noch das. Das Bewusstsein in Bewegung begibt sich in den Zustand der Ruhe, indem es nichts mehr wahrnimmt und weiß. Dies ist der ursprüngliche Zustand, der einzig wahre... Wenn ein Mensch in der Lage ist, hierhin zu gelangen, ist er frei. Frei von der irrigen Vorstellung, etwas zu wissen oder erreichen zu müssen. Vor allem bin ich...vollkommene Abwesenheit, ihrer selbst nicht gewahr. Erst in der Bewegung erscheine ich als Ich-bin und bin mir dieser Anwesenheit bewusst, meiner Anwesenheit. Ich bin...und nun beginnt das ganze Spiel von neuem. Ich weiß...und bilde eine Persönlichkeit. Dabei vergesse ich mein wahres Sein und trenne mich scheinbar ab...und bilde ein eigenständiges Leben. Was für ein Witz...

LOVE

Es gibt nichts außer Bewusstsein...

Damit etwas erfahrbar wird, braucht es Zeit. Ohne den Anfang und das Ende eines Ereignisses, gleich welcher Art auch immer, gibt es einfach nichts. Alles was erfahrbar, wahrnehmbar sein soll, muss also einen Anfang und ein Ende haben. Es wird offenbart durch das, was jenseits der Zeit ist, keinen Anfang und kein Ende hat und somit keiner Veränderung unterworfen ist. Eine Erscheinung, ein Schatten oder wie auch immer...kann also keinerlei eigenständige Existenz haben. Bewusstsein begleitet eine jede Erscheinung, ist vor und in einer jeden Erscheinung. Ist das Bewusstsein in Ruhe, ist nichts aber auch gar nichts wahrnehmbar, wenn man es so ausdrücken will. Nur in der zeitlichen Bewegung entsteht das, was wir für die Welt halten.
Ein jeder Gedanke ist nichts anderes als eine Erscheinung im Bewusstsein. Oft nutze ich die Metapher der Marionette oder des automatischen Ablaufes eines Programms. Da kommen dann immer wieder Fragen nach dem Marionettenspieler und wer das Programm geschrieben hat. Niemand natürlich... Es gibt nichts außer Bewusstsein und dieses Bewusstsein kreiert diese ganze Show, um sich zu erfahren. Es geht niemals um irgendwelche Bedeutungen, die der Mind vielleicht glaubt, interpretieren zu müssen. Nein, hier geht es nur um den Ausdruck und die Erfahrbarkeit. Alles ist ein vollkommen unpersönlicher, automatischer Ablauf. Bewusstsein in Bewegung ist das, was wir für uns halten. Bewusstsein in Ruhe ist nicht erfahrbar...liegt aber allem zugrunde.
Das, was keiner Veränderung unterworfen ist, ist das einzig Wahre und es ist einer jeden Erscheinung, Erfahrung immanent.

Nichts kann ohne das Zeitlose erfahren werden, deshalb ist eine jede Erscheinung zeitlich vollkommen geträumt. Das Zeitlose, Ewige träumt sozusagen den zeitlichen Traum. Niemand hat einen Einfluss auf die Ereignisse in diesem Traum, da es keinen persönlichen Träumer gibt. Es gibt nichts außer Bewusstsein.

LOVE

Keinen Einfluss...

Meinst du, dass ich überhaupt keinen Einfluss habe, was in meinem Leben geschieht? Also, wenn ich keinen Job finde und den ganzen Tag schlafe - hat das nix damit zu tun, dass ich faul bin, sondern das Leben/Universum will es so haben?

Es geschieht immer das, was geschehen soll. Ob du nun den ganzen Tag im Bett liegst oder auch nicht, spielt dabei überhaupt keine Rolle. Ob du einen Job hast oder auch nicht, ebenso. Alles Erforderliche wird sowieso getan. Absolute Untätigkeit gibt es nicht im Leben. Das Leben ist immer in Aktion, das Leben halt...aber nicht du. Du als Person denkst, dass du handeln und entscheiden könntest, dabei sieht es immer nur so aus, als ob. Dieses Spiel hier, genannt das Leben, funktioniert genau so. In dem Augenblick, in dem du erkennst, dass du nicht der Gestalter deines Lebens und deiner Umstände bist, bist du raus aus dem Spiel, auch wenn du noch mitten drin zu sein scheinst. Das Leben, oder wie auch immer du es nennen magst, übernimmt die Kontrolle (hatte es eh immer) und alles ist genau so, wie es sein soll. Du tust, was immer du für richtig hältst, was sich für dich gut und stimmig anfühlt. Wohl wissend, dass du nichts falsch machen kannst, genau so wie jeder andere nichts falsch machen kann. Das Leben hat immer Recht...so ist das. Das Leben kennt weder einen Faulen noch einen Fleißigen und es ist ihm auch egal. Alles nur Vorstellungen des Verstandes (Denkers), welcher glaubt, der Handelnde zu sein und getrennt von allen anderen zu existieren. Also, alles ist gut. Egal wofür du dich auch entscheiden magst, tu was immer dir gefällt und sich gut anfühlt und wenn es eben den ganzen Tag im Bett liegen und faulenzen ist...warum nicht? Du wirst schon sehen wie lange es geht...

Dieser Körper erledigt sowieso vollautomatisch, gemäß seinem Programm, alles was erforderlich ist. Was für ihn vorgesehen ist, das wird getan und was nicht für ihn vorgesehen ist, eben nicht. Diese scheinbare Hilflosigkeit ist für den Denker, für den wir uns halten, nicht auszuhalten. Er möchte eingreifen, so wie er es immer glaubt, tun zu können. Natürliches Funktionieren ist der Ablauf des Lebens selbst ohne das Eingreifen eines Individuums oder einer Person. Diese hätten in der Tat auch keinerlei Einfluss, da es sich hier nur um ein erdachtes, erträumtes Wesen handelt, welches aus sich selbst heraus nichts, aber auch gar nichts tun kann.

LOVE

Wahrnehmung

Es gibt nur Wahrnehmung. Oft zitiert...doch Wahrnehmung ist auch nur an Erscheinungen gebunden, wie alles andere auch. Das, was wahrnimmt und somit allem zugrunde liegt, ermöglicht die Wahrnehmung. Es ist das einzig Beständige, wenn man es mal so ausdrücken will.

Der ganze Ablauf des Lebens ist ein automatischer und völlig unpersönlich. Niemand nimmt wahr. Bewusstsein allein ist. Bewusstsein ist der Grund dafür, dass Wahrnehmung in ihren zahlreichen Facetten immer und immer wieder geschieht. Ein nie enden wollender Strom von sich selbst erfüllender Energie, welche ermöglicht wird, um wahrzunehmen. Das, was wahrnimmt, hat nichts anderes im Sinn, als wahrzunehmen. Dumm nur, wenn sich da ein Denker (Ich) gebildet hat, welches nun glaubt, etwas Besonderes zu sein, eigenständig und noch dazu völlig frei zu handeln, wie immer es ihm beliebt. Dies bildet dann den endlosen Leidensstrom...so lange, bis klar ist, dass es mich nie gab und auch nie geben wird, so wie ich dachte. Das, was keiner Zeit unterworfen ist, ermöglicht die Zeit, die Erscheinung, den Anfang und das Ende, damit überhaupt etwas wahrgenommen werden kann. Ohne einen zeitlichen Ablauf würde nichts erscheinen. Es gäbe also nichts wahrzunehmen, gar nichts. Hierbei ist es dem Leben vollkommen egal, was da so wahrgenommen wird. Hauptsache Wahrnehmung geschieht. Interpretation der Empfindungen ist dem denkenden Verstand überlassen. Allein das, was wahrnimmt, ist vor allem... es liegt allem zugrunde.

LOVE

Geburt und Tod...

Ein Kind wird geboren...ein Mensch stirbt. Zwei Vorgänge, die unterschiedlicher nicht sein könnten und doch ist in beiden Abläufen des Lebens die selbe Struktur erkennbar. Beides ist ein automatischer Ablauf. Die sogenannte Geburt oder der Tod sind beides Abläufe, auf die niemand einen Einfluss hat. Wir sind allerdings der Meinung, dass der kleine Mensch nach der Geburt sein ganzes Leben noch vor sich hat. Was werden nicht alles für Erwartungen in dieses kleine Bündel Mensch gepackt, seitens der Eltern und natürlich der Familie. Alle erfreuen sich so sehr an dem, was da so heranwächst. Für den einen oder anderen ist es die willkommene Abwechselung aus seinem ach so ärmlichen Alltagsleben. Der Kleine oder die Kleine gibt mir so viel Kraft, so viel Liebe, sie oder er ist ja so süß. Es beginnt ein Liebesverhältnis, das keine Grenzen kennt. So soll es sein und das ist auch gut so. Aber wenn man mal genauer hinschaut und den rosaroten Schleier der Liebesblindheit entfernt, so wie bei allen vermeintlichen Liebesbeziehungen, sieht man klar. Und bei einer gewissen Klarsicht ist man gefeit gegen alle Arten von Verblendung. Ach wie gerne lassen wir uns doch verblenden, gerade wenn es um kleine Kinder geht und dann noch Oma und Opa zu werden oder Vater und Mutter. Wer sieht hier schon klar? Wahrscheinlich niemand und so soll es offensichtlich auch sein. Und beim Tod...wer will hier schon hinschauen? Der Mensch, den man liebt, liegt auf dem Sterbebett und man kann nichts, aber auch gar nichts tun. Es ist so offensichtlich, dass es nicht mehr lange dauert, bis es vorbei ist. Ach was hätte man noch alles sagen wollen oder können... Nun ist der- oder diejenige gar nicht mehr aufnahmebereit. Ein Blick vielleicht, der ins Leere geht, Bewegungen die so unbeholfen wirken. Wir sitzen da und wissen nichts. Sehen nur diesen Ablauf, automatisch, bis es dann vorbei ist. Aus und vorbei. Der Körper hat einfach seine Funktion eingestellt. Nun ist alles wieder so wie vorher, bevor dieser Körper da war. OK, er mag noch hier liegen. Aber nach der Verbrennung oder Beerdigung ist da nichts Erkennbares mehr, gar nichts mehr. Alles vorbei. Doch bei dem kleinen Neuankömmling ist dies natürlich anders. Hier wird noch so viel erwartet. Ein ganzes Leben hat er oder sie noch vor sich. Und das Kind, welches all diese Erwartungen der Eltern und Familie erfüllen soll, weiß von all dem überhaupt gar nichts. Es will nicht mal leben, es weiß gar nichts vom Leben noch von seinen Eltern. Da ist Wahrnehmung und diese Wahrnehmung erfüllt sich. Sie will nichts anderes, als wahrzunehmen. Das was wahrnimmt will wahrnehmen, ohne wahrnehmen zu wollen. Es geschieht und in diesem Sinne der Wahrnehmung ist Leben eine Offenbarung. Jetzt und hier. Durch jeden Körper wird so lange wahrgenommen, wie es eben möglich ist. Er wird sozusagen ausgepresst wie eine Zitrone und wenn alles herausgepresst wurde, ist es vorbei. Gibt die Zitrone keinen Saft mehr, kannst du nichts mehr aus ihr herauspressen. So ist es auch mit uns, solange noch etwas herauszuholen ist, machen wir...und wenn da nichts mehr ist, dann lassen wir es sein, ganz automatisch.

Das Individuum lebt sein Leben, scheinbar getrennt von allen anderen, jeder hat seinen Blickwinkel. So soll es sein. Doch bei genauerer Betrachtung stellt man ganz schnell fest, dass da wohl eine äußerliche Trennung ist und Unterschiede vorhanden sind. Aber im Grunde, man kann es nicht wissen, doch man fühlt es vielleicht...der Urgrund aller Dinge ist eins. Natürlich können ich und mein Nachbar, der so ein anderes Leben führt als ich, in der Erscheinung nicht eins sein. Doch in der Essenz gibt es keinen Unterschied. Vor der sogenannten Geburt oder nach dem sogenannten Tod ist überhaupt nichts geschehen. Alles ist so, wie es schon immer war. Bevor ein Kind geboren wird und nachdem ein Mensch gestorben ist, sind die Dinge so, wie sie schon immer waren. So wie sie sind.

Die Erforschung dessen, was ist, ist für mich die Erfüllung meines Lebens. Wir alle haben unsere Ziele und Wünsche, unsere Erwartungen. Doch im Angesicht des Todes oder besser gesagt unserer Nicht-Existenz wird alles bedeutungslos.

LOVE

Gibt es den freien Willen oder gibt es ihn nicht?

Immer wieder das Thema freier Wille. Manche denken, sie haben einen, andere wiederum meinen, sie haben keinen. Freier Wille oder kein freier Wille spielt nur dann eine Rolle, wenn es jemanden gibt, der glaubt, entweder diesen freien Willen zu haben oder eben nicht. Sollte sich der oder diejenige jedoch als nicht existent entpuppen, also gar nicht vorhanden sein... Wer könnte dann einen freien Willen haben oder auch nicht haben? Antwort ist immer: weder jemand noch niemand. Und wer ist dann für all das hier verantwortlich? Niemand, alles geschieht, weil es geschehen muss. Taten geschehen, allein ein Täter lässt sich nicht finden.

Du hast den freien Willen, genau das zu tun, was du tun sollst und nicht das, was du willst. Wie sagte Schopenhauer so schön: „Der Mensch kann zwar tun, was er will. Er kann aber nicht wollen, was er will." Das heißt, der Mensch hat zwar einen

Willen, aber er kann ihn nicht willentlich beeinflussen. Also tu was immer du willst, sei der Macher deines Lebens, so soll es sein in diesem Spiel des Lebens. Doch auf das Ergebnis deiner sogenannten Handlungen hast du ebenso wenig Einfluss wie auf die Handlung selbst. Du bist das durchführende Instrument des Göttlichen. Du hast einen freien Handlungsspielraum wie ein Schatten oder ein Schauspieler, welcher seine vorgegebene Rolle spielt. Dies zu sehen, ist Freiheit. Dies nicht zu sehen, bedeutet Leid. Ein Film, welcher im Kasten ist und nun in die Kinos kommt und anschließend online auf die bekannten Plattformen, dieser Film ist gedreht. Was glaubst du wie witzig es wäre, wenn einer der Schauspieler sich nun in diesem Film über den freien Willen Gedanken macht. Aber wieso macht er das...der Film ist doch längst gedreht, im Kasten? Da ist doch gar nichts mehr zu ändern, der Film läuft nur noch ab. Genau so, der Film ist von vorne bis hinten fertig und wird nur noch abgespielt. Genauso verhält es sich hier in unserem vermeintlichen persönlichen Leben. Niemand hat eine Wahl, doch es sieht immer so aus, als ob. Alles in unserem Leben geschieht, wie es geschehen soll und nicht so, wie du es gerne hättest. Es geht nicht um dich in diesem Lebensspiel. Leben lebt sich selbst immer und immer wieder. Du als Person bist nicht wichtig, du wirst zu hundert Prozent gelebt, spielst deine Rolle, welche dir zugeteilt wurde. Ob du dies zu sehen vermagst oder nicht, es ändert nichts aber auch gar nichts an der Tatsache, dass es so ist, wie es ist. Dies bedeutet, der freie Wille ist Illusion. Er ermöglicht erst, dieses Lebensspiel in Gang zu halten, das Spiel der Personen. Hier geht es nicht um blinden Glauben oder blinden Gehorsam oder gar darum, mir Recht zu geben. Nein, darum geht es nicht. Es geht darum, zu hinterfragen, was hier geschrieben steht und selber zu überprüfen, ob an diesem Konzept etwas dran sein könnte. Prüfe es, schau auf dein tägliches Leben, schau wie du funktionierst. Schau wirklich hin und suche jenen, welcher den freien Willen oder keinen freien Willen haben könnte. Suche ihn. Nicht halbherzig, sondern mit der ganzen Kraft, die dir zur Verfügung steht. Betreibe Selbsterforschung, lass es das Wichtigste sein in deinem Leben. Vielleicht für einen Tag, vielleicht heute, nachdem du dies hier gelesen hast. Sei der Erforscher deiner selbst. Stelle dir die Fragen: Atme ich oder werde ich geatmet? Lasse ich mein Herz schlagen oder schlägt es von allein? Lasse ich mein Blut fließen oder fließt es von alleine? Denke ich meine Gedanken oder kommen und gehen sie ganz von allein? Meine ganzen Körperfunktionen, habe ich sie unter Kontrolle oder funktioniert dieser Körper einfach nur, wie er funktionieren soll? Handle ich wirklich oder reagiere ich nur auf die Ereignisse oder Impulse, findet einfach Reaktion statt? Hatte ich jemals wirklich Einfluss auf das, was in meinem Leben geschah? Hier tut sich ein endloses Feld auf, das es zu erforschen gibt. Bei neutraler Herangehensweise und genauer Betrachtung wirst du feststellen, dass du noch nie irgendeinen Einfluss auf was auch immer haben konntest. Alles geschieht einfach so, völlig automatisch als natürliche Folge und Reaktion auf andere Begebenheiten. Sollte dich diese Erkenntnis treffen und du klar sehen, dass es so ist, wirst du erkennen, dass du noch nie drin warst in diesem Spiel. Es sah immer nur so aus, als ob. Das Spiel spielt sich in der Tat ohne dich. Dies Leben hier ist ein sich selbst spielendes Spiel, welches keinen persönlichen Spieler benötigt. Es sieht immer nur so aus, als ob. Nur zu gerne glaubt das hölzerne Bengele, die Marionette, selbst der Handelnde zu sein und ein eigenständiges Leben zu führen. Lassen wir jedem seinen Glauben, wie auch immer er aussehen mag. Uns, die wir wirklich wissen, kann niemand mehr etwas vormachen, wir sehen klar und deutlich, dass wir nichts in der Hand haben. Wir verrichten unsere täglichen Dinge so wie immer. Was auch getan wird, es wird getan durch uns, die wir die Instrumente des Göttlichen sind. Dies zu wissen gibt Freiheit und Frieden. Alles andere sind nur Vorstellungen und Träume, die zwar schön anmuten aber mit dem, was wirklich ist, absolut nichts zu tun haben.

LOVE

6. Das Leben...ein Spiel des Bewusstseins

Das Spiel des Lebens....

Der Tod ist eine der größten Illusionen in unserem Lebensspiel. Er sieht so täuschend echt aus, scheinbar endet alles und doch beginnt für eine scheinbare Spielfigur alles wieder von neuem. Zumindest sieht es so aus, auch wenn es sich immer wiederholt. Alles ist sozusagen programmiert, alle Abläufe, jede Handlung. Bis ins kleinst Detail, alles vorherbestimmt. Du denkst, dass du entscheidest und glaubst, zu leben. Dabei bist du nichts weiter als eine Figur in einem Game, welche gespielt wird. Dein Leben ist ein Programm und du hast nichts weiter zu tun, als dieses Programm zu erfüllen. Niemand hat dieses Programm kreiert, es generiert sich förmlich selbst. Das macht es so unglaublich real. Es fühlt sich echter an als echt. Nur zu gern wird man hineingezogen in die Abläufe der Welt, welche man vermeintlich erlebt. Schmerzvolles Leiden oder wundervolle Verzückung halten uns in Atem. Es gibt hier kein Entkommen, denn die Sucht nach mehr hält uns hier gefangen. Gefangen in einer Welt, welche wir scheinbar bewohnen und die wir aus unserer vermeintlich persönlichen Sicht aus betrachten. Nichts von alledem ist echt, alles ist nur ein Traum, ein Traum ohne Ende. Denn wir sind immer wieder hier, als was und wer auch immer. Wir können nicht sterben. Es sieht immer nur so aus, als ob. Jeder Spieler erlebt alles immer wieder von Neuem, als die gleiche Figur oder eine andere, spielt hierbei keine Rolle. Alles wird immer wieder aus verschiedenen Perspektiven betrachtet, immer wieder neu und mit anderen Abläufen. Das Spiel stirbt nie, es ist ewig. Es erfüllt sich, indem es sich spielt, ewig und ohne Ende. Allein aus dem Grund, weil es keinen Anfang und kein Ende hat.
Dieses Spiel findet seine Erfüllung im Spiel selbst. Hierbei

kommt es gar nicht so auf die Handlung an, sondern auf das Erleben. Ein Erleben, welches so real ist, dass niemand auf die Idee kommen würde, es zu hinterfragen. Eine Realität, die nicht angezweifelt wird, kann beides sein: real oder halt nicht real. Täuschend echt ist dieses Bild hier und so wundervoll oder halt absolut zerstörerisch und beängstigend. Je nachdem, wie es gerade so ausschaut in unserem Erlebnis-Kosmos. Doch eines ist sicher...keines von beidem ist real. Und in dem Augenblick, wenn wir vergessen, dass es sich um ein Spiel handelt, sind wir mitten drin...

Es ist nur ein Spiel. Nichts, was hier geschieht, kann mir etwas anhaben. Alles ist nur eine erdachte Geschichte, die sich Leben nennt...mein Leben. Faszinierend und unfassbar. Man wird süchtig nach dem, was man für Leben hält und will immer mehr davon. Die imaginären Freuden lassen uns nicht mehr los, so soll es sein. Es ist ein Kreislauf ohne Ende, der nur einen einzigen Sinn hat: sich selbst zu erfüllen, indem das Spiel gespielt wird. Von wem? Von Niemandem...

LOVE

Vorstellungen, nichts als Vorstellungen...

Zuweilen kann einem das Leben ganz schön auf den Geist gehen, man wünscht sich, zu sterben ohne sich dabei der Tatsache bewusst zu sein, dass man eigentlich schon mausetot ist. Dieses Ich, dieser Denker, der man glaubt zu sein, ist tatsächlich nicht mehr oder weniger als eine Vorstellung, welche man sich machte. Eigentlich ist alles eine Vorstellung und wenn alles eine Vorstellung ist, gibt es nichts anderes als eben Vorstellungen. Die Welt, unser Leben sowie alles andere auch sind also nichts als Vorstellungen. Ohne diese Vorstellungen, Illusionen ist schlicht nichts. Aber ich muss doch mehr sein als eine Vorstellung, das kann doch echt nicht sein...? Natürlich bist du mehr als eine Vorstellung. Das Sehen dieser Tatsache bedingt, eine jede Vorstellung fallen zu lassen und dies ist, wie wir alle wissen, gar nicht so einfach. Wir lieben diese, unsere Illusionen. Wir hegen und pflegen sie, leben mit ihnen und haben sie so lieb gewonnen. Die Welt der Illusionen, der Vorstellungen ist unsere Welt, unser Leben und wir können nicht ohne sein. Wir haben dabei vergessen, dass es sich nur um ein Spiel handelt, das Spiel der Vorstellungen und der größte Witz ist die Vorstellung, jemand zu sein, ein Leben zu leben und der Handelnde zu sein. Dies ist in der Tat die größte aller Illusionen. Sie hat uns verzaubert, sodass wir nicht mehr klar sehen können. Die Welt der Verzauberung, welche wir für unsere halten, funktioniert genau so und so soll es auch sein. Ein Entkommen aus ihr ist nur durch eine Veränderung der Sichtweise möglich. Dies ist aber willentlich nicht herbei zu führen. Es geschieht oder eben nicht. Sollte einem der Segen dieser Klarsicht ereilen, ändert sich gar nichts. Alles läuft genauso wie bisher, mit der einen Ausnahme: Dich gibt es nicht mehr. Du warst eh noch nie hier, nie so, wie du dachtest. Hast es nur geglaubt, dir etwas vorgemacht, vorgestellt halt. Es ist ein riesiges Theater, welches hier stattfindet, ein jeder spielt die Rolle, die ihm auf den Leib geschneidert wurde. Dabei hat man dann vollkommen vergessen, dass es sich hier nur um eine Rolle handelt. Nicht mehr und nicht weniger. Die Rolle wurde mir übergestülpt ohne mein Zutun. Niemand hat mich gefragt. Es geschah einfach. Das Leben liebt Rollenspiele jeder Art. Es erfährt sich durch sie, drückt sich aus. Der Denker, die vermeintliche Person, welche sich abgespalten zu haben glaubt, ist sich der Rolle die da gespielt wird, gar nicht bewusst. Er hält sich für diese Rolle, identifiziert sich mit ihr. Ja, er wird zu dieser Rolle. Dies geschieht in frühester Kindheit und dann gibt es kein Entkommen mehr aus dem Gefängnis des Glaubens an sich selbst. Du glaubst, zu leben und leidest wie ein geprügelter Hund. Nun bist du ein Jemand, der entweder alles erreichen muss, was das Leben ihm bietet und dies auch schafft oder aber der geborene Loser, der diesem Anforderungsprofil nicht gerecht wird. Letztlich ist es aber dieser Glaube an dich selbst, der dich in die Irre führt. Bis du vielleicht eines Tages jemandem begegnest, der dir ganz klar und deutlich zeigt, dass du nicht so existierst, wie du denkst und dass du einem Irrtum aufgesessen bist. Dem Irrtum eines persönlichen Lebens. Siehst du dies klar und deutlich, ist es dein persönlicher Tod. In diesem Augenblick klaren Sehens erlischt alles, alles was du jemals über dich und andere gedacht hast. Es gibt dich schlicht nicht mehr so, wie du dachtest. Du bist deiner selbst gestorben und zu wahrem Leben erwacht... Der natürliche Zustand bahnt sich seinen Weg. Er war so verdeckt von Gedankenkonzepten, dass er einfach nicht gesehen werden konnte. Nun strahlt er in seiner ganzen Schönheit und drückt sich durch ein ganz gewöhnliches Leben aus, in welches du nicht mehr involviert bist. Wem diese Gnade zuteil geworden ist, ist frei. Vollkommen frei... Wer sollte ihn noch daran hindern, das zu tun, was immer ihm beliebt...? Das Leben drückt sich aus, genau so, wie es soll und nicht so, wie es irgendein kranker Mind glaubt. Alles ist absolut perfekt so, wie es ist.

Nur ein Gedanke macht dich zu dem, der du denkst zu sein. Nur ein Gedanke. Du denkst, dass du denkst und deshalb hältst du dich für den Denker. Doch da sind nur Gedanken und diese Gedanken sind nicht persönlich. Gedanken sind Kinder der Zeit, so wie alle Erscheinungen. Wir sind Kinder der Zeit, reine Vorstellungen, erfahrbare Träume, jedoch für niemanden. Ich war niemals hier, weder hier und jetzt noch sonst wo. Ich war nicht, bin nicht und werde niemals sein. Alles hier ist ein Spiel des Bewusstseins, ohne Inhalt. Alles schon geschehen, schon längst passiert. Der Ablauf geschieht und das ist alles.

LOVE

Das Puppenspiel des Lebens...

Was auch immer dein Problem sein sollte, eines sollte dir klar sein: alle Dinge geschehen so, wie sie geschehen sollen und nicht etwa so, wie du es dir erhoffst. Diese Erwartung gewisser Zustände, welche natürlich anders, meist angenehmer und schöner sein sollten als der gegenwärtige Augenblick, ist ein Teil des Spieles, welches das Leben sich selbst auferlegt hat. Und das alles nur, um sich so zu erfahren, wie es eben jetzt gerade ist.

Alles, wirklich alles geschieht und nichts kann dies, was gerade geschieht, aufhalten, rein gar nichts. Wir, die wir glauben, in Problemen zu ertrinken, an Schmerzen zu Grunde zu gehen, ein besseres Leben erwarten, Frieden wollen, besser, liebevoller, selbstbewusster, sein wollen...am besten immer in der Liebe sein... Wir sehen einfach nicht, dass dies so gar nicht möglich ist. Es ist eine Vorstellung des Denkers, welcher selbst nur eine Einbildung ist. Du wirst geführt im Puppenspiel des Lebens...es ist ein Spiel der Personen ohne einen Spieler...das Spiel spielt sein eigenes Spiel. Es sieht immer nur so aus, als ob wir der Denkende und Handelnde sind. Doch nichts ist, wie es scheint.

Niemand ist in der Lage, aus sich selbst heraus auch nur einen Schritt zu gehen. So oft hört man: Was soll ich denn jetzt nur machen? Ich weiß nicht mehr, wie es weitergehen soll, finanziell bin ich am Ende. Gesundheitlich geht es mir gar nicht gut. Ich habe alles verloren... Da ist Traurigkeit und Resignation. Ja und nochmals ja. Für den denkenden Verstand, in Form des persönlichen Denkers, ist es immer ein Drama, wenn es nicht so ist, wie er es sich vorstellt. Es ist aber nun mal so, wie es ist... So einfach. Diese Tatsache einmal gefressen, dann ist Frieden. Alles darf sein in diesem Frieden, auch das Unerwartete. Wir wollen Veränderungen, vor allem aus misslichen Lagen. Sie werden kommen, so oder so, nur nicht dann, wenn wir es wollen, sondern dann, wenn es an der Zeit ist.

Oft fühlt man sich ohnmächtig und hat das Gefühl, gegen eine Wand zu rennen. Dann ist der letzte Ausweg Tabletten, Alkohol, Drogen oder wir holen therapeutische Hilfe. Positives Denken. Transformations-Coaches, Erfolgstrainer o.ä. haben zur Zeit

Hochkonjunktur. Doch was nützt es... Meist bekommt man ein wenig Erleichterung, aber ehrlich hingeschaut, ändert sich doch nichts. Alles wird einfach nur umgeschichtet, so als ob du Sand von einer Seite des Strandes auf die andere schaufelst: nachher ist alles wieder genau so wie vorher. Alles Teil dieses Spiels, genannt das Leben...klar. Doch dieses Spiel hier hat genauso wenig einen Spieler, wie du als Person existierst. Hier ist weder jemand noch niemand, der auf irgendetwas Einfluss nehmen könnte. Nur dies, einfach nur dies... Grenzenlose Stille, in welcher alles erscheint. Alles nur erdacht und erträumt, nichts hat Bestand, alles geht vorbei. Das Unliebsame und auch das ach so Geliebte, was wir eigentlich ewig festhalten wollen. Auch das geht vorbei. Nichts bleibt. Nur dieser eine Augenblick hier, der so gelebt wird, wie er gelebt werden soll. So und nicht anders... Wenn sich da der Denker nicht immer wieder einmischen würde und es mal wieder anders haben will. Wir alle wünschen uns Frieden, der durch nichts erschüttert wird. Doch irgendwie scheint es eine Kraft zu geben, die diese Ruhe und diesen Frieden immer wieder zu stören scheint. Diese Kraft ist der denkende Verstand. Der Denker, welcher aus ihm hervorgegangen ist, macht dir glauben, du zu sein und schon bist du drin im Spiel. Du bist sowieso im Spiel, keine Chance da raus zu kommen. Aber du glaubst an deine eigenständige Existenz, das ist der Witz und der Grund für dein Leid, welches du so persönlich nimmst. Du wirst hin und her geschleudert, wie in einem Super-Schleudergang einer Waschmaschine. Vollkommen hilflos und ausgeliefert. Das Ende deiner persönlichen Existenz vermag dir nicht die Umstände zu nehmen, welchen du ausgesetzt bist und die in deinem Erlebnis-Kosmos so erscheinen. Doch eines wird mit Sicherheit sein: dein Leben wird einfacher, entspannter, friedvoller. Du wirst einen Frieden in dir spüren, der eigentlich nie weg war. Er war immer da...nur völlig verschüttet von so vielen Gedanken, die alle nur eines im Sinn hatten: dir zu sagen, wer du bist.

Jeder Gedanke, der an eine eigenständige Existenz glaubt, trennt scheinbar vom natürlichen Zustand. (Obwohl das eigentlich nie möglich ist...) Dem natürlichen Zustand ist es egal, was und worüber du gerade denkst. Gedanken erscheinen sowieso wie

Wolken am Himmel. Den Himmel hat noch nie eine Wolke gestört und genauso stört den natürlichen Zustand des Menschen keinerlei persönlich genommene Gedanken, welche ja den Denker hervorgebracht haben. Das Puppenspiel des Lebens spielt sich ohne eine Ahnung von einem Spieler. Es sieht immer nur so aus, als ob und das macht es offensichtlich auch so reizvoll... Wenn dem nicht so wäre, würde es dieses Leben, so wie wir es zu kennen glauben, gar nicht geben.

LOVE

Die Maskerade des Lebens...

„Nimm die Maske ab und zeige uns dein wahres Gesicht." OK...welche Maske sollte ich absetzen? Da sind an nur einem einzigen Tag so viele verschiedene Masken, derer ich mich bediene. Für jede nur erdenkliche Situation eine andere. Du kannst dich vollkommen nackt machen und glaubst nun, alle Masken deines Ichs abgelegt zu haben. Hier stehe ich nun in absoluter Reinheit, habe mich allem entledigt. Unschuldig und nackt stehe ich vor euch. Dies ist jedoch immer noch eine Maske, die Maske der Reinheit und Nacktheit. Kommt immer wieder gut... In der Welt des Verstandes wird es nicht möglich sein, ohne eine dieser zahlreichen Masken zu leben. Selbst ein jedes Ich ist, wenn wir so wollen, eine Maske. Zwar alle unterschiedlich in ihrer Erscheinung, doch alle Ich. Mit den Energien verhält es sich ähnlich. Da versuchen wir, uns von Fremdenergien zu befreien, wir reinigen uns und und... Dabei wissen wir noch nicht einmal über unsere eigene Energie Bescheid. Hier wird es sehr interessant. Bei genauer Betrachtung kann man nämlich feststellen, dass es überhaupt keine „eigene Energie" gibt. Wir reinigen uns also scheinbar von was auch immer. Es gibt nur Energie, doch es gibt keinerlei persönliche, eigene Energie. Also kann es auch keine Fremdenergie geben. Viele Menschen sind der Meinung, besetzt zu sein. Tja, das fühlt sich manchmal so richtig scheiße an. Aber auch diese Energie will sich ausdrücken, den Körper vereinnahmen. Da gibt es so viele Konzepte und Vorstellungen. Das alles sind Spiele des Mind, welcher nichts mehr liebt, als sich zu unterhalten. Jedes Ich ist sozusagen eine Besetzung des Körpers sowie jede Energie, welche von diesem Körper Besitz ergreift.

Ohne ein Ich und ohne die unterschiedlichen Energiequalitäten ist das Leben so, wie wir es kennen, nicht möglich. Dies sind die Antriebe für den Film des Lebens, der bereits vollendet ist. Der Film läuft vollautomatisch ab und es gibt keinerlei Möglichkeit mehr, ihn zu ändern. Veränderung findet statt, wenn sie im Drehbuch vorgesehen ist und wird durch niemanden bewirkt. Alles geschieht hier genauso, wie es geschehen soll. Die vermeintliche Person versucht mit aller Macht, Veränderungen herbei zu führen. Durch Meditationen, Reinigungen, Mantras oder andere Methoden. Der Witz an der Sache ist, dass es immer nur so aussieht, als ob... Denn in Wirklichkeit geschieht nichts. Der fertige Film läuft einfach nur ab. Die Dinge geschehen genauso, wie sie geschehen sollen, so sehr wir uns auch wünschen, es eventuell anders haben zu wollen. Die Ohnmacht, das Gefühl, hilflos zuzuschauen, bemächtigt sich derer, welche an sich selber glauben und denken, die Handelnden zu sein. Ihnen ist in der Tat nicht zu helfen. Der einzige Friede, den es gibt, gründet in der Erkenntnis, dass hier niemand ist, welcher etwas tun oder nicht tun könnte. Das Drehbuch ist gedreht, der Film im Kasten und nun ist nichts anderes möglich, als seinen Ablauf zu verfolgen. Doch wer verfolgt den Ablauf des Filmes? Weder jemand noch niemand. Das Bewusstsein, wenn man es so ausdrücken mag, ist das einzige was wirklich ist. Bewusstsein bezeugt sich also selbst in jedem einzelnen Augenblick. Alles läuft ab, automatisch, vollkommen spontan. Dies zu erkennen, bedingt die vollständige Eliminierung einer jeden Vorstellung von Persönlichkeit und Individualität. Kein Wesen als solches existiert. Nur Bewusstsein allein ist. Es bewegt und belebt alles, was ist. Es gibt nichts außer Bewusstsein und dieses Bewusstsein drückt sich aus, wie und wo immer es will. Es kreiert alles...spielt sozusagen mit sich selbst.

Nun magst du diese vielen Charaktere betrachten, welche nichts anderes sind als ein Spiel der Lichterscheinungen auf der Leinwand des Lebens. Es sieht doch so täuschend echt aus, dieses Leben. So persönlich, so energiegeladen. Das Leben (Bewusstsein) feiert Karneval und zwar zu jeder Zeit, in einem jeden Augenblick. Es ist ein Tanz der Masken und der Energie ohne Anfang und ohne Ende. Einen Tänzer wirst du allerdings niemals finden... Nur in der Vorstellung und da kann ja bekanntlich sogar der Glaube Berge versetzen... Aber eben nun hier...

LOVE

Mythos Fremdenergie...

Energie ist ein Phänomen, sie drückt sich aus. So oder so. Alles ist ein Tanz der Energie, alles. Jedes Ereignis in unserem Leben ist ein Tanz dieser einen Energie, welche sich in unterschiedlichsten Qualitäten offenbart. Energie ist nicht zu halten und sie lässt sich auch nicht unterdrücken. Unaufhaltsam ist sie wie ein reißender Strom.

Manche sind der Ansicht, sich von der einen oder anderen Fremdenergie reinigen zu müssen. Diese Energie, die man sich in den Wirren des Lebens an einem Tag zugezogen hat, muss oder sollte beseitigt werden. Man stellt sich das echt vor wie eine Dusche, welche man benutzt, um sich zu säubern, wenn man schmutzig ist oder sich schmutzig fühlt. Wie auch immer... Dieses energetische Reinigungsbad kann eventuell genauso erfrischend sein wie eine Dusche nach einem warmen Tag.

Was passiert? Wer hat sich gereinigt? Und vor allem wie lange hält es an? Es gibt Instrumente auf dem esoterischen Markt: Strahler, Pyramiden und ähnliches und auch noch programmiert. Die reinigen garantiert. So zumindest sagen es die Hersteller und Verkäufer all jenen, die daran glauben. Immerhin haben sie den Impuls zur Herstellung dieser Hilfsmittel von der Geistigen Welt erhalten. Mit diesen Dingen wird ein Schweine-Geld verdient.

Man fasst es nicht und die Leute glauben, dass es wirkt. Auch ich gehörte einst dazu... Habe mir Verbesserung meiner Lebensumstände erhofft und mich natürlich jeden Tag mehrmals von Fremdenergien gereinigt.

Nun, alles ein wundervolles Spiel des Verstandes, in Form des persönlichen Denkers, welcher sich hier mal wieder so richtig austoben kann. Da hat er echt ein grenzenloses Betätigungsfeld. Gerade auf dem spirituellen Markt scheint das Geld auf der Straße zu liegen. Die Menschen sind einfach verzweifelt und voller Hoffnung auf ein besseres Leben und aus diesem Grunde natürlich sehr anfällig für Angebote aller Art.

Diese ganzen Reinigungen, egal welcher Art auch immer, sind nichts anderes als Autosuggestionen, reine Selbsthypnose. Dies erschafft natürlich Zustände, die dann als angenehm empfunden werden. Man fühlt sich scheinbar besser für einen kurzen Augenblick. Aber dann ist es schon wieder vorbei. Es ist wie mit der Dusche. Na ja...da kann man dann am besten gleich unter der Dusche stehen bleiben. Nochmal: mir hat dies alles auch einmal sehr gut getan. Nichts dagegen. War echt ein schönes Spiel, das Reinigungsspiel.

Doch man muss mal ganz klar sehen, dass es nichts, aber auch gar nichts individuelles gibt in dieser Welt. Es gibt nichts außer Bewusstsein. Welche Fremdenergie sollte mich bitteschön besetzen, von welcher ich mich reinigen müsste, wenn ich noch nicht mal eine habe, die ich mein eigen nennen kann? Da ist nur diese eine Energie und die drückt sich aus, wie auch immer sie gerade will. Es sieht vielleicht so aus, als ob es mich beträfe. Es fühlt sich verdammt persönlich an. Aber es ist immer nur das Bewusstsein, welches hier mit sich selber spielt. Gedanken, noch dazu persönlich genommene, vermitteln den Eindruck von Getrennt-Sein und suggerieren ein Zentrum. Somit scheine ich auch eine eigene Energie zu haben. Schließlich sehen wir eine Aura und alle möglichen Phänomene. Dies ist ja auch nicht von der Hand zu weisen. Energetische Phänomene, gleich welcher Art, gibt es zu genüge. Jedoch ist es folgendermaßen: Eine Welle im Ozean ist eine Welle und egal, wie groß oder klein sie auch sein mag...sie bleibt der Ozean in Bewegung. Ist der Ozean still, gibt es keine Welle. Man stelle sich einmal vor, eine Welle möchte sich von der Energie des Wasser reinigen. Einfach lächerlich oder...? Dies ist unmöglich. Die Welle war nie etwas anderes als dieses Wasser und wird auch nie etwas anderes sein. Du bist diese eine Energie und wirst auch nie etwas anderes sein. Der Ausdruck dieser einen Energie durch dich, wie auch immer er geartet sein sollte, ist nicht aufzuhalten. Du hast keinen Einfluss darauf. Die Energie drückt sich genau so aus, wie sie es will. Du bist nur ein Gedanke, auch Energie...ohne Zweifel, doch ohne jede Entscheidungsgewalt. Es sieht immer nur so aus, als ob...

Alles ist ein Tanz dieser Energie, absolut unpersönlich. Nichts ist wirklich getrennt voneinander, es sieht nur so aus, als ob. Wasser kann nur Wasser sein und Licht nur Licht. Wo willst du hin? Alles was du tun kannst, ist eine imaginäre Entfernung zurückzulegen, um dann zu der Erkenntnis zu kommen: Es gibt keinen Weg, kein Ziel. Ich bin hier, wo ich schon immer war. Entweder in Bewegung oder in Ruhe. Reine Energie, welche sich ausdrückt...so wie sie es will. Nur um sich wahrzunehmen, ohne jeden Grund. Ohne Sinn und Zweck. Der persönliche Denker spielt hier überhaupt keine Rolle. Er steht außen vor. Ihm obliegt noch nicht einmal die Rolle eines Zuschauers, da es ihn schlicht und ergreifend gar nicht gibt. Ich-bin ist reinste Energie in ihrer Urform, sie liegt einer jeden Erscheinung zugrunde. Der stille Ozean ist vor einer jeden Welle. Ganz einfach weil eine Welle nicht ohne den Ozean sein kann, der Ozean ohne Welle aber sehr wohl.

LOVE

Ich...ein Spiel des Bewusstseins

Unser ganzes Leben, von der Geburt bis zum Tod, ist ein Schrei nach Aufmerksamkeit. „Bitte nimm mich wahr! Sieh mich, nur mich...!" Wie auch immer wir es drehen und wenden, wir sehen andere und andere sehen uns. Hierdurch entsteht unser Selbst-Bildnis. Wir sind das, was wir glauben in der Wahrnehmung anderer zu sein. Ich definiere mich also über dich. Wie du mich siehst. Wäre dies nicht so, würde es mich als solches gar nicht geben. Wer wäre ich, wenn es dich nicht gäbe? Ein Nichts, ein Niemand, reine Leere.

Wenn man dies mal genauer betrachtet, ist es schier unglaublich, wie sich ein jeder oder eine jede für etwas hält, das es nur in seiner Einbildung gibt. Wir sind Fantasie-Gestalten, aus nichts anderem zusammengesetzt als irrwitzig vielen Vorstellungen, denen wir glauben und die wir für uns halten oder halt für die anderen. Niemand kennt einen anderen. Wir alle glauben den Gedanken, welche wir über sie und die Welt haben. Diese Gedanken, die wir über die vermeintlich anderen haben, drehen sich hauptsächlich um unsere Außendarstellung. Wie bekomme ich die meiste Aufmerksamkeit von anderen? In welchem Licht erscheine ich? Gar mancher behauptet natürlich, dass ihm egal sei, was die anderen über ihn denken. Dem ist aber nicht so. Unser ganzes Leben dreht sich nur um diese vermeintliche Außendarstellung und damit verbunden, wie andere uns sehen oder sehen sollen. Es ist verrückt, dieses Spiel des Ich, das bei genauer Betrachtung nichts anderes ist als ein Spiel der Leere. Ja, so ist es in der Tat, da das Ich nichts weiter ist als ein Schatten, eine Scheinfigur, welche diese Welt, so wie wir sie kennen, am Laufen hält. Im Grunde ist alles leer. Was also soll auf was wirken und bitte wie? Wenn hier nichts ist und da ist nichts. Ist das nicht verrückt? Niemand kommt auf die Idee, dieses ganze irrsinnige Spiel des Ich zu hinterfragen. Wir sind so sehr in den Glauben an uns selbst und die anderen verankert, dass wir dies niemals in Frage stellen würden. Niemals. Denn wir halten uns ja dafür.

Doch diese Welt ist leer und eine so genannte Person hat nicht mehr Inhalt als eine in die Luft geblasene Seifenblase. So ist das. Wir alle glauben also an Luftschlösser und sehen dabei gar nicht, dass wir etwas in der Hand zu haben glauben, was es so gar nicht gibt, außer in unserer Vorstellung. Die Vorstellung über andere und über uns selbst... So wird eine Welt kreiert, die es außerhalb unserer Vorstellungen und Träume gar nicht gibt. Was nützt mir dies nun für mein tägliches Leben, magst du dich fragen und ich sage dir darauf... Gar nichts. Außer der Tatsache, dass du bei genauer Betrachtung zu dem Schluss kommst, dass du eigentlich schon tot bist. Das, was du für dein Leben gehalten hast, ist halt nur eine Einbildung gewesen und was anderes hast du nicht. Es gibt dich nicht so, wie du dachtest und jenseits des Denkens gibt es halt nichts...gar nichts. Wenn die persönliche Vorstellung zerplatzt wie eine Seifenblase, bist du frei. Frei von der Vorstellung, jemand zu sein. Das ist alles. Vielleicht magst du es nun Erleuchtung nennen oder sonst wie. Es spielt eigentlich gar keine Rolle. Tatsache ist auf jeden Fall, dass du nicht existierst. Da ist nur Existenz und sonst ist nichts... Kein ich, kein du, keine anderen... Selbst-Wahrnehmung und Fremd-Wahrnehmung, alles nichts weiter als Einbildung, Einbildung und nochmals Einbildung. Und nun? Nichts, einfach nur dies. So blöd es sich anhört... Es ist wie es ist. Es gibt weder einen Weg noch ein Ziel, irgendetwas zu erreichen oder irgendwo anzukommen. Hier, da wo wir vermeintlich zu sein glauben, ist der einzige Ort, der für uns relevant ist und hier gilt es zu sein und nirgendwo sonst. Wir können noch so viel gedanklich unterwegs sein, diesem Ort hier, der außerhalb der Zeit ist, diesem Ort entkommt keiner. Ganz allein aus dem Grund, weil es keinen gibt, der diesen Ort hier meiden könnte. Diese Leere, die allem zugrunde liegt, sind wir und sonst nichts. Es ist die totale Abwesenheit von allem Vorstellbaren und Greifbaren. In dieser Zeitlosigkeit ereignet sich alles oder nichts. Der Denker nimmt es dann persönlich und das Spiel beginnt. Das Spiel der Leere, das Spiel mit sich selbst... Das Spiel des Bewusstseins.

Es gibt nichts außer Bewusstsein und dieses Bewusstsein kennt nur sich selbst ohne auch nur den leisesten Hauch einer Ahnung von sich selbst zu haben...

Das Spiel der Möglichkeiten...

Denkst du, dass es für jeden Mensch den richtigen Partner gibt? Ich meine, ich habe keine Kontrolle darüber, was passiert. Also wie entsteht dann eine Partnerschaft, warum genau die zwei Menschen? Zufällig? Oder hat es doch auch einen Sinn?
Was soll ich dazu sagen... Alles ist Bestimmung, also auch, ob sich zwei Menschen finden oder nicht. Aber wenn wir genauer hinschauen, sehen wir, dass es diese zwei Menschen eigentlich gar nicht gibt. In der Erscheinung schon. Aber stell dir mal vor...du spielst ein Spiel. Solange du dieses Spiel spielst, ist alles da. Dinge können sich ereignen oder eben auch nicht. Am Ende des Spieles ist alles vorbei, was auch immer vorher passiert ist. Es ist zu Ende. Es sei denn, na, du spielst ein neues Spiel. Diese Hypnose, eine Person zu sein und eigenständig zu handeln, ist der Grund für alle Fragen. In dem Augenblick, wenn du weißt, wer du bist...besser gesagt, du weißt, wer du nicht bist...dann hören deine Fragen auf.
Du erwartest wahrscheinlich eine andere Antwort, aber die kann ich dir nicht geben. Zwei sind nicht füreinander geschaffen, weil es sie noch nie gegeben hat. Es sieht immer nur so aus, als ob. Also...alles auf sich zukommen lassen, in der Gewissheit, dass alles genau so ist, wie es sein soll. Dann liegen wir nicht so verkehrt. Und wenn dann der Partner kommen sollte, dann genieße es und wenn nicht, auch gut. Überleg doch mal: zwei Wellen wollen heiraten, weil sie sich gefunden haben oder zwei Schneeflocken, was für ein Witz...ehrlich. Die Wellen sind der Ozean und die Schneeflocken sind Wasser und somit auch der Ozean. Der Ozean ist Gott oder wie auch immer du es nennen magst...und ist allein. So sieht es aus. Alles hier ist ein Spiel der Möglichkeiten. Bewusstsein spielt mit sich selbst. Bewusstsein ist alles was ist. Personen als solche scheinen zu existieren, es sieht aber immer nur so aus, als ob. Es ist das Spiel der Vielen, als das sich das Eine erfährt. Um zu tanzen, muss die Welle sich scheinbar vom Ozean trennen. In Wirklichkeit ist es nur der Ozean, welcher tanzt...in jeder einzelnen Welle. Es gibt nichts außer Bewusstsein.

Die reine Schau des Selbst...

Dein Leben oder besser gesagt, das was du für dein Leben hältst, ist nichts weiter als der funktionierende Ablauf des Lebens, ohne den Einfluss einer Person. Personen (Egos), das Ich, dies sind nichts weiter als Spielfiguren in einem Spiel, genannt das Leben. Der Verstand, in Form des persönlichen Denkers, ist hier sehr erfindungsreich. Er suggeriert eine Welt, wie sie ihm beliebt. So ist diese Welt eine rein erdachte und vorgestellte und sie ist alles, was wir haben. Illusionen und sonst nichts. Alles, wirklich alles beruht auf diesen Illusionen. Alles nur Träume eines Verstandes, der an seine Existenz glaubt und noch dazu denkt, die Dinge in der Hand zu haben und ein eigenständiges, persönliches Leben zu leben. Die Ereignisse, welche da so jeden vermeintlichen Tag vor sich gehen, die erscheinen so oder so und zwar für jeden „Einzelnen" genau so, wie sie erscheinen sollen. Wie es für den jeweiligen Erlebnis-Kosmos vorgesehen ist. Du brauchst dies weder zu akzeptieren noch abzulehnen, beides obliegt nicht deiner Entscheidung. Es sieht nur so aus, als ob. Alles geschieht und zwar genau so, wie es geschehen soll. Das Leben ist ewig und weil es ewig ist, ist es nicht der Zeit unterworfen. Das Leben (Gott) offenbart sich in den Erscheinungen und ist einer jeden immanent. Doch gleichzeitig ist es auch davor, darin und natürlich dahinter. Weil...es ist. Und das was ist, ist nicht in der Zeit. Alles, was einen Anfang und ein Ende hat, ist in der Zeit. Dies ist alles, inklusive unserer selbst oder besser gesagt das, was wir für uns halten. Im Grunde gibt es gar nichts jenseits der Zeit, sondern alles, was erscheint, erscheint im Zeitlosen und dieses Zeitlose ist das Einzige, was wirklich ist. In seiner Erscheinung verändert es sich ständig, verändert Formen über Formen und bildet immerzu etwas neues. Es sieht so aus, als ob da etwas erscheint und wieder verschwindet. Menschen, Tiere und und und... Doch bei näherer Betrachtung kann man sehen, dass das Zeitliche eigentlich das Ewige ist. Ewig in dem Sinne, dass es die Zeit erschaffen hat um sich selbst wahrzunehmen, zu sehen, zu fühlen und und...
Es ist für den denkenden Verstand gar nicht zu begreifen, weil er

an seine Existenz glaubt und eine seiner größten Ängste ist die Angst vor der Vernichtung, vor dem Auslöschen, dem Sterben. Doch alles, was wirklich sterben kann, ist nur die Vorstellung von etwas: die Vorstellung von dir selbst. Mit einem jeden Gedanken findet eine Geburt statt, ein Ich wird geboren und glaubt im Mittelpunkt einer Welt zu stehen, die es so eigentlich gar nicht gibt. Es passt sich an, mehr oder weniger und wird zu dem, was man gemeinhin Person nennt. Man lebt ein Leben, scheinbar und irgendwann kommt dann der Tod. Der Glaube an mich selbst ist sehr stark, er ist so stark verankert, dass er gar keine andere Denkweise zulässt oder in Frage gestellt wird. Es scheint vollkommen aussichtslos zu sein, diesem Kreislauf aus Geburt und Tod zu entkommen und in der Tat ist dies mit dem denkenden Verstand niemals zu verwirklichen. Denn dieser Verstand will leben, er will existieren und er wird niemals Selbstmord begehen. Er kennt nur „immer weiter" und sucht nach Zielen, die es zu erreichen gilt und hat er dann eines, kommt das nächste an die Reihe. Es geht immer weiter, ein Ankommen ist nicht vorgesehen.

Das, was ist, geht nirgendwo hin und kommt von nirgendwo her. Das Zeitlose ist das Einzige, was sich niemals verändert auch wenn es sich durch die zahlreichen, Milliarden von sich stetig verändernden Erscheinungen zeigt. Es bleibt immer gleich und ist selbst keiner Veränderung unterworfen. Das, was schaut, ist in Wirklichkeit das, was ist. Es ist ein reines, unpersönliches Schauen... Von wo auch immer es schaut. Im reinen Schauen schaut es nichts anderes als nur sich selbst und dies immerzu.

LOVE

Die leere Leinwand

Alles, was so gedacht wird, ist eine Vorstellung. Mag es noch so angenehm oder unangenehm erscheinen, es ist egal, es bleibt eine Vorstellung im Mind. Ein Leben ohne Vorstellung, ohne Glaube ist gar nicht möglich so, wie wir es kennen. So viele wollen ihr Ego vernichten, es loswerden, transzendieren oder sonst was. Wie auch immer, dies sind Spiele eines Verstandes, welcher an sich natürlich auch nichts anderes ist als die Quelle selbst. „Ich bin nur eine Vorstellung, so wie alles andere auch", befreit zumindest schon mal ziemlich deutlich. Was bleibt dir danach? Nichts. OK, da war vorher auch nicht viel, bzw. genau so wenig wie jetzt, aber du dachtest halt, dass da etwas wäre. Doch da ist nichts. Nur dies... Mein ganzes Leben gleicht einem Kartenhaus, das auf Sand gebaut ist, ein winziger Luftzug und alles ist vorbei. Ja..so schnell ist alles vorbei und so fragil ist das Gebilde deines Glaubens. Dein sogenanntes Leben ist nichts als eine riesige Kette aneinander gereihter Glieder aus vergangenen Ereignissen. Alles längst gestorben, aus und vorbei aber es wird festgehalten im Mind und man hält es für sein Leben.

Leben geschieht hier und jetzt, auch der Gedanke über die Vergangenheit geschieht hier und jetzt. Nur verhindert er die Sicht auf das, was wirklich ist. So viele sind verwickelt in diese Gedankenspiele, dass sie gar nicht in der Lage sind, zu sehen, was vor ihren Augen geschieht. Wir nehmen diesen Film, genannt unser Leben, von der Quelle aus wahr und nicht aus der Position des Zuschauers/der Person. Dies ist ein riesengroßer Unterschied. Wir sind mittendrin. Kein einziges Ereignis ist getrennt von uns. Wir sind dieses Ereignis. Dieses Leben ist so real, dass es keinen Zuschauer benötigt. Es braucht nur sich selbst und hier reicht ihm der Ausdruck seiner selbst in einem jeden Augenblick. Das Leben bezeugt nichts, es ist. Die lebendige Gegenwart lebt sich in einem jeden Augenblick selbst, ohne etwas vom Leben zu wissen. Einfacher, unmittelbarer Ausdruck dessen, was ist. Es ist die Freude, die geboren wird aus dem Nichts. Sie ist alles was ist. Die Leere wird gefüllt... Das Leben füllt sich selbst. Die leere Leinwand nimmt Gestalt an, ein kurzer Augenblick und alles ist wieder vorbei. Die Leere bleibt. Nur sie ist, immer... Ewig...

LOVE

Der Denker und die Gedanken...

Der Denker ist nichts anderes als das, was wir für uns selbst halten, das Ego oder auch Ich. Dieses Ich ist von Nöten, um den „Spielbetrieb" hier auf Erden aufrecht zu erhalten. Ohne den Denker ist dieses Leben so, wie wir es kennen, nicht möglich. Der Denker ist also nichts anderes als die vermeintliche Person, die geboren wurde zu einer bestimmten Zeit, ein vermeintliches Leben lebt und dann irgendwann, so scheint es, stirbt.
So zumindest sieht es aus. Wir, die wir denken, dass wir denken, sind absolut überzeugt, dass es so ist und nicht anders. Es muss einen Fixpunkt im Leben geben, an dem man sich orientiert...ein Zentrum und das bin natürlich ich, was denn sonst. Ein jeder fühlt dies und glaubt somit, dies zu spüren. Ich bin halt ich. Doch bei genauer Betrachtung wird man feststellen, dass mit diesem Denker (Ich) etwas nicht stimmen kann. Gedanken als solche erscheinen wie alles andere auch, alles erscheint. Doch ein Denker erscheint nicht. Er ist ein Produkt unserer Vorstellung, reine Phantasie. Hier scheiden sich nun die Geister. Manche schreiben mir nette Briefe so von Denker zu Denker und wollen mich so richtig aufklären. Man will mir mitteilen, dass es doch auch nur Gedanken sind, welche hier geschrieben werden. Ja, natürlich sind es Gedanken, die hier geschrieben werden, was denn sonst? Wie sollte man sich sonst ausdrücken, wie? Gedanken sind als Werkzeug zum Gestalten von was auch immer in dieser Traumwelt unerlässlich. Ramesh Balsekar unterschied den Verstand in den denkenden und den arbeitenden Verstand. Der arbeitende Verstand ist absolut notwendig, um das Leben, so wie wir es kennen, erlebbar zu machen. Der Denker allerdings denkt nur, dass er denkt und somit die Gedanken

hervorbringt. Er ist deshalb vollkommen eingebildet und dies ist, sorry, somit dein ganzes Leben. Deine ganze persönliche Geschichte ist lediglich das Produkt dieses Denkers, welcher glaubt, du zu sein. Der Denker macht sich über alles mögliche einen Kopf, wer kennt das nicht. Der kann einen schlicht in den Wahnsinn treiben. Wen treibt er in den Wahnsinn...? Na mich natürlich. Nein, Spaß beiseite, hier ist weder jemand noch niemand, den das interessieren oder kümmern könnte. Nur das Leben selbst ist und das denkt niemals über irgendetwas nach, es ist. Leben drückt sich aus. Es ist Energie in Bewegung. Da sind Gedanken, so wie alles andere auch...Gefühle, Empfindungen, Wahrnehmung. Aber da ist kein Denker, Fühler, Wahrnehmer. Da ist Bewusstsein in Bewegung halt... Bewusstsein ist alles, was ist. Wenn also Gedanken im Bewusstsein erscheinen, ist das genauso, wie es sein soll. Der Denker natürlich auch, keine Frage. Er entsteht ja sozusagen aus eben diesen Gedanken und er kreiert, erschafft sozusagen diese, seine persönliche Welt. Solange du glaubst, dass du es bist, welcher denkt...wirst du dies nie durchschauen können. Eben, weil du hypnotisiert bist von dem Glauben, du zu sein. Aus einer Hypnose zu erwachen, ist relativ schwer, nahezu unmöglich und doch gelingt es zuweilen. Die Welt, so wie sie ist, ist ein kontinuierlicher Ablauf von Ereignissen, dazu gehören in ganz besonderem Maße auch die Gedanken und Gefühle. Sie sind sozusagen die Triebfeder in unserem menschlichen Dasein. Alles ist wie es ist und genauso, wie es sein soll. Und dann kommt da dieser Denker, genannt Person, der alles anders haben möchte, als es gerade ist. Immer, er ist nie zufrieden mit dem, was ist. Der Denker glaubt an seine eigenständige Existenz, an sein Zentrum, seine Geschichte, welche aus Vergangenheit, Gegenwart und Zukunft besteht. Ein wenig Freude und eine ganze Menge Leid gehören somit auch dazu. Das ist das Schicksal, wenn alles persönlich genommen wird. Der Denker ist die Spielfigur in diesem Leben, ein Witz, wenn er durchschaut ist. Zu keiner Handlung fähig, wenn als Schatten erkannt, absolut null und nichtig. Doch wird an ihn geglaubt, so meint er, die Dinge eigenständig lenken zu können. Denn Glaube kann ja bekanntlich Berge versetzen... Ja auf jeden Fall Traumberge, die können versetzt werden. Nimmst du dem

Denker seine Grundlage, fällt das ganze Kartenhaus deines vermeintlichen Lebens zusammen. Deine ganze Geschichte entpuppt sich als ein Traumgebilde persönlicher Einbildung, welches du dir selber aufgebürdet hast. Du bist mit dieser Last herumgeirrt...viele Jahre lang und nun kannst du alles ablegen, nicht weil du es willst, sondern einfach weil es so geschieht. Die Last der persönlichen Täterschaft fällt von dir wie ein reifer Apfel vom Baum, wenn es an der Zeit ist. Nicht eher...da kannst du machen, was du willst. Keine Chance. Diese Welt, so wie wir sie kennen, ist eine eingebildete, vorgestellte, persönliche Welt. Ein jeder lebt in ihr und nur in ihr. So soll es sein und so ist es. In dem Augenblick aber, in dem dies wirklich durchschaut wird, nicht erkannt...erkennen kann man gar nichts, verliert sie ihre Macht. Sie löst sich auf. Oh mein Gott, was ist denn nun, wie soll ich denn leben ohne meine persönliche Welt? Keine Bange, es erscheint eine neue Welt, eine Welt wie sie noch nie wahrgenommen wurde. Sie war einfach verdeckt von den Aktivitäten dieses Denkers...genannt du. Ohne dich wird die Welt nun so gesehen,wie sie wirklich ist.

Vollkommen ausgenüchtert ist der Drive raus. Doch das Spiel spielt sich weiter, alles läuft weiter wie bisher. Nur ist da kein imaginäres Ich mehr, welches meint, einzugreifen zu können. Der kleine Mann in deinem Ohr oder die Frau halt, wie belieben, ist einfach nicht mehr da. Nun werden die Dinge so gelassen, wie sie sind. Alles erscheint und verschwindet auch wieder, das ist alles. Weder jemand noch niemand mehr da, welcher sich mit was auch immer identifizieren könnte und wenn, auch egal... Wen kümmert es, wen?

LOVE

Der individuelle Traum Gottes...

Niemals hast du diesen Ort verlassen, diesen Ort, der kein Ort ist, dein wahres Zuhause. Weit magst du gegangen sein, hast diesen oder jenen Ort (scheinbar) aufgesucht. Von dir selber hast du dich jedoch keinen Millimeter fort bewegt. In deiner Vorstellung, in den Gedanken, denen du Glauben schenktest, ja, da hast du virtuelle Reisen unternommen. Gerade so, wie in einem Traum.

Dies ist der Traum des Lebens, den wir alle (scheinbar) träumen. Unsere scheinbaren persönlichen Träume sind jedoch nichts anderes als Träume der Quelle. Wir, die wir denken zu träumen, sind hierbei nichts anderes als geträumte Objekte. Geträumte Objekte haben keinerlei Handlungsfreiraum, sie haben schlicht keine eigenständige Existenz. Schatten gleich werden sie bewegt von einer unbekannten Kraft. Erwachen aus so einem Traum bedingt allerdings immer einen Träumer und nur dieser könnte somit erwachen. Der Träumer jedoch ist unauffindbar. Dieses Unauffindbare findet sich scheinbar in den geträumten Objekten. Es macht sich durch persönliche Identifikation selbst zum Objekt, trennt sich sozusagen von seinem Subjekt (Träumer), nur um sich zu erfahren. Das Zeitlose erschafft sozusagen die Zeit, um wahrzunehmen, denn außerhalb der Zeit ist nichts wahrnehmbar. Aber das, was wahrnimmt muss außerhalb der Zeit existieren, ganz einfach aus dem Grund, weil es allem zugrunde liegt. Alles erscheint in ihm, dem Zeitlosen, also ist eine jede Erscheinung nicht getrennt von der zeitlosen Quelle. Unterscheidungen mag es millionenfach geben, allein eine Trennung ist nur in der Vorstellung und so soll es auch sein. Die zeitlose Quelle produziert unentwegt (zeitliche) Objekte, lässt sie erscheinen und auch wieder verschwinden. Sie selbst bleibt hiervon absolut unberührt. Ihr, der Quelle kann nichts etwas anhaben, egal was auch immer da auf dem Bildschirm dieser Quelle erscheinen mag, es berührt sie in keinster Weise. Hier könnte man nun von dem „Phänomen" des Bezeugens sprechen, doch dies wird ganz leicht missverstanden. Beansprucht der persönliche Denker sofort die Position des Beobachters. Doch

ein solcher Zeuge ist nichts weiter als ein weiterer persönlich genommener Gedanke. Reines Bezeugen dessen, was ist, ist allerdings von nichts abhängig. Es ist nicht objektivierbar. Gleich einem Spiegel...es wird einfach nur alles gespiegelt. Nur die reine Leere, die Zeitlosigkeit jenseits allem Vorstellbaren ist in der Lage, zu bezeugen. Sie lässt alles erscheinen, was ist. Der Beobachter, der persönliche Verstand, das Ich, will es meistens anders haben, als es gerade ist. Der Quelle reicht ihr Ausdruck vollkommen. Sie will nichts anderes als wahrzunehmen, selbst wenn sie es nicht will. Das, was wahrnimmt, ermöglicht die Wahrnehmung allein der Wahrnehmung willen. Da ist es egal, was ein eingebildeter Schatten glaubt, wie es in seinem Erlebnis-Kosmos jetzt gerade aussehen müsste oder sollte. Wahrnehmung ist alles, was ist und nur darum geht es. Erfahren ohne Ende aber ohne einen Erfahrenden oder eine Erfahrende. Um dieses ganze Gebilde aus Wahrnehmung und Erfahrung erst zu ermöglichen, kreiert das Bewusstsein diese Welt und erträumt sich Millionen über Millionen Charaktere, nur um dieses Spiel, unser Leben erfahrbar zu machen. Wie in einem Film erfüllt ein jeder Schauspieler, eine jede Schauspielerin seine/ihre Rolle. So grausam oder schön diese auch anmutet, es gibt keine andere Möglichkeit, als diese Rolle zu spielen. Die Rolle wurde dir zugewiesen und bis zum Ende dieses Filmes ist sie zu spielen, ob uns das nun passt oder nicht, spielt im wahrsten Sinne des Wortes absolut keine Rolle. Der Film, den die Quelle kreiert hat, ist nicht mehr zu ändern. Er spielt sich ab... Am Ende des Filmes gibt es einen neuen, das ist alles.. Wie in einem Traum, ist der Traum zu ende, wird ein anderer geträumt. Manche mögen Ähnlichkeiten untereinander haben, aber die Abläufe können doch grundverschieden sein. Die ganze Bewegung in einem Film oder in einem Traum ist jedoch nur vorgetäuscht. Der Film, genauso wie der Traum ist ein Lichterspiel, eine Simulation, nicht mehr und nicht weniger. Am Ende bleibt nur die Leinwand, das was alles hat erscheinen lassen und auf dem alles erneut erscheinen wird. Die Leinwand, das was allem zugrunde liegt, hat sich in der Tat niemals auch nur einen Millimeter bewegt, weil es nicht der Zeit unterliegt. Es ist zeitlos...
So erscheint alles in dir, der ewigen Zeitlosigkeit. Wahrnehmung

erscheint...Gedanken erscheinen...Du erscheinst. Erscheinungen sind zeitlich und lassen sich unterscheiden, sind aber nie getrennt von ihrem Urgrund. Jede Erscheinung, jedes Ich ist ein individueller Traum Gottes.

LOVE

Karma is a bitch...

Wer kennt nicht die Zustände, in denen alles wunderbar zu sein scheint. Der Himmel hängt buchstäblich voller Geigen und man schwebt sozusagen auf Wolke Sieben. Dies kann ausgelöst worden sein durch die große Liebe, die einem eventuell begegnet ist oder ein lang ersehnter Wunsch hat sich erfüllt. Vielleicht ist es auch nur ein schöner Augenblick in Harmonie und Freude. Doch schneller als gedacht, schlägt das Pendel in die andere Richtung, der Wind hat sich gedreht oder wie auch immer. Wir stürzen von der Erfolgswelle in das mehr oder weniger bekannte Tal der Tränen. Die große Liebe entpuppt sich als Fehlgriff, die Beförderung war in Wirklichkeit eine Abschiebung usw. Man könnte hier tausende von Beispielen anführen, welche ein jeder oder eine jede sicher reichlich schon erlebt und durchlebt hat. Dauerhafte Zustände der Glückseligkeit, die vor allem in einigen esoterischen Kreisen versprochen werden, sind nichts als Luftschlösser. Du kannst sie getrost vergessen, denn so läuft das nicht in diesem Lebensspiel. In der Dualität, in der wir nun mal leben, kann es nicht anders sein, als es ist. Für jedes Gute muss es ein Böses geben, das Hohe bedingt das Niedrige, das Kleine...das Große, das Schöne...das Hässliche usw. Anders geht es nicht. Die Person scheint hier in einem kleinen Boot zu sitzen und auf den Wogen des Lebens dahinzutreiben. Vollkommen hilflos dem ausgeliefert, was da so als nächstes kommt. Und aus dieser vermeintlich persönlichen Sicht ist es auch so. Ja es kann gar nicht anders sein, denn dies ist das Personenspiel und in diesem Spiel trifft jeder auf sein persönliches Schicksal.

Da gibt es kein Entkommen. Auf und ab geht es durch die tiefsten Täler und dann wieder in die höchsten Höhen. Himmel hoch jauchzend und dann zu Tode betrübt, so ist unser Leben, so soll es sein. Wenn dieses Leben nicht durch die persönliche Brille betrachtet würde, könnte es gar nicht wahrgenommen werden, so wie wir es kennen. Doch wie sieht es aus, sind da wirklich Personen, die für ihr eigenes Schicksal verantwortlich sind? Gibt es einen Täter, welcher seine kleine Nussschale, mit der er ohne Ruder auf dem Ozean dahintrieb, selber steuert? Ganz klar nein. Es sieht nur so aus.

Es gibt Menschen, die wollen sich vom Karma befreien. Hierfür gibt es exotisch klingende Mantras, die man in regelmäßigen Abständen rezitieren muss, mehrere Jahre...und was weiß ich noch alles. Nur mit dem einen Ziel, das persönliche Karma aufzulösen. Dann irgendwann, wenn alles bereinigt ist, ist man sozusagen clean, vollkommen rein. Die Sache hat nur einen gewaltigen Haken: hierzu müsste es jemanden geben, der von eben diesem persönlichen Karma befreit werden könnte...der überhaupt ein persönliches Karma hätte. Denjenigen gibt es aber nicht. Es gibt Karma ohne Zweifel...aber es gibt weder jemanden noch niemanden, der ein persönliches Karma erleiden muss. Was ist denn Karma anderes, als Muster, welche sich ausdrücken, unaufhörlich. Die scheinbare Kette von Ursache und Wirkung... Es wird permanent reagiert, da ist nichts persönliches dran. Diese Muster sind der Motor dieser Welt. Durch diese wird sie bewegt. Ohne Karma (Muster) keine Bewegung, also auch keine Ereignisse, Erfahrungen, Wahrnehmung. Wenn alles „rein" wäre, wäre alles auf Ebene Null...also nichts wahrnehmbar. Es würde nichts geschehen. Sobald etwas wahrnehmbar wird, ist es nicht mehr bedingungslos, es ist bedingst durch Umgebung und Umstände. Das, was in diesem Augenblick wahrnimmt, bedingt also ein Gegenteil, ein Gegenüber. Somit beginnt die Interaktion und Karma nimmt seinen Lauf. Es ist einfach eine Kette aufeinander folgender Ereignisse, nicht mehr und nicht weniger. Da will eine Person, die es nur in der Vorstellung gibt, etwas auflösen, sich von dem lösen, was es selber ist. Nur eben nicht als Person, sondern als das Ganze. Jede Tat, die hier auf Erden oder sonst wo begangen wird, wird nur dann zu Karma, wenn

Identifikation geschieht. Ohne Identifikation gibt es kein persönliches Karma. Dann sind die Dinge einfach so, wie sie sind.
Gar manch einer glaubt, sich von allem gelöst zu haben. Dies ist aber nichts weiter als der Glaube des Denkers, der nun meint, alles neutral zu beobachten. Völlig losgelöst von allen mentalen Regungen sozusagen... Was für ein Irrsinn, aber auch durchaus gottgewollt, denn nichts geschieht außer Gottes Wille. Sprich, nichts geschieht, was nicht geschehen soll. Also glauben kannst du, was du willst, doch was nützt es dir. Wenn du wirklich hinter die Kulissen schaust, wirst du sehen, dass es keine Loslösung von was auch immer geben kann. Befreiung oder Loslösung kann nur geschehen, wenn jegliche Identifikation fallen gelassen wird. Dies kann niemand willentlich erlangen. Es geschieht oder es geschieht nicht.
Der Tod der Illusion persönlicher Täterschaft ist die Befreiung vom persönlichen Karma. Nun geschehen weiterhin Handlungen aber eben ohne dich. Du, der du glaubtest, alles in der Hand zu haben...bist nun mental zur Seite getreten und überlässt das Feld dem Leben. So wie es eigentlich immer schon war und ist. Du bist einem Trugbild verfallen gewesen, einem Trugbild, genannt das Selbst...dein persönliches Selbst. Doch dieses Bild, welches du dir von dir selbst gemacht hast, ist nicht mehr oder weniger als eine Rolle in einem Spiel. Du hast einfach nur vergessen, dass du diese Rolle nur spielst, sie aber nicht bist, nie warst...und sein kannst.

LOVE

Anleitung zur Selbsterforschung

Zum Schluss möchte ich dir noch etwas mitgeben und zwar eine Anleitung zur Überprüfung dessen, was du wirklich bist. Ich habe diese von meinem Meister Werner Ablass empfohlen bekommen und dieser wiederum von seinem Meister Ramesh Balsekar... Was nützt dir angelesenes Wissen? Gar nichts. Nur das, was wir für uns selbst herausfinden, gehört uns auch, dies ist unser Schatz.

Setzte dich ganz entspannt hin und schließe die Augen. Atme ruhig ein und aus und lass das Atmen geschehen. Nun prüfe, ob du es bist, der atmet oder ob atmen geschieht. Wirst du geatmet oder atmest du? Diese Frage ist von unglaublicher Wichtigkeit. Hier geht es nicht um Glaubenssätze, sondern ein jeder kann es selbst überprüfen. So geht es weiter. Nun höre auf deinen Herzschlag, schlägt dein Herz oder lässt du es schlagen? Dein Blut, fließt es ganz von selbst oder lässt du es fließen? Du kannst alles der Reihe nach und in aller Ruhe beobachten, deine ganzen Körperfunktionen, alles was dir so gerade in den Sinn kommen mag. Bin ich das oder funktioniert dieser Körper einfach nur ohne mein Zutun? Meine Organe, lasse ich sie funktionieren oder funktionieren sie von alleine? Die Geräusche, höre ich die oder dringen sie einfach an mein Ohr? Höre wirklich ich? Habe ich einen Einfluss auf das, was ich höre? (hier ist nicht der Fernseher oder das Radio gemeint, sondern alle möglichen Umgebungsgeräusche) Nun die Gedanken, denke ich sie oder werde ich gedacht? Habe ich einen Einfluss darauf, was mir „durch den Kopf geht"? Auch hier wird man bei genauer und ehrlicher Betrachtung zu dem Schluss kommen müssen, dass man nicht selbst denkt, sondern gedacht wird. Gedanken erscheinen und sind genauso Teil des funktionierenden Ablaufes, den wir unser Leben nennen. Auf nichts von alledem haben wir einen Einfluss. Nicht weil ich dies hier sage, sondern weil ich es für mich herausgefunden habe. Du kannst, wenn du magst, diese Selbsterforschung weiter betreiben an einem ganz normalen Tag, auf Arbeit oder wo auch immer. Prüfe anhand deiner täglichen Aktivitäten, ob du der Verursacher deiner Entscheidungen und

Handlungen bist oder ob vielleicht alles nur Reaktion ist. Reaktion auf einen Impuls oder eine Begebenheit. Was auch immer an einem Tag geschehen mag, schau hin. Bist du es, der dies alles genau so wollte, wie es gekommen ist oder sind die Dinge einfach so geschehen? Eine aufeinander folgende Kette von Ereignissen. Das eine oder andere mal mag es so aussehen, als ob du es getan hättest. Aber du wirst sehen, dass du nichts aber gar nichts in der Hand hast und dass einfach nur Reaktion stattfindet. Nichts von alldem, was du für dein Leben hältst, hast du entschieden oder verursacht. Alles lief genauso ab, wie es laufen sollte. Was glaubst du, was passierte nach dem Samenerguss deines Vaters und der Empfängnis in der Eizelle deiner Mutter? Glaubst du, du hattest darauf einen Einfluss? Nein, den hattest du nicht, genauso wenig wie deine Eltern. Du oder das, was du für dich hältst, wächst heran, wiederum vollkommen ohne dein Zutun. Du bist außen vor. Dich braucht es gar nicht. Warum? Weil es Dich gar nicht gibt so, wie du denkst. Du bist etwas ganz anderes, nicht auffindbar und darum nicht zu beschreiben. Schau, wann der Verstand anfing, sich zu regen. So ab dem zweiten, dritten Lebensjahr geht es los und nun beginnt der Glaube an dich selbst. Eine der genialsten Selbsttäuschungen, die sich das Leben auferlegt hat. Nur um dieses Personenspiel hier zu spielen, das sich Welt nennt. So viele verschiedene Sichtweisen und eine jede glaubt, sie wäre der Mittelpunkt der Welt. Niemand merkt, dass die Welt ihn bewegt und zwar total. Wir werden gelebt. Niemand von uns hat ein eigenes Leben. Glaube nichts, prüfe und überprüfe. Schau auf dich immer und immer wieder, sieh deine Handlungen und werde dir darüber im klaren, dass es nur Reaktionen sind, niemals Aktionen. Das waren sie in der Tat noch nie. Die einfache Tatsache, nicht der Handelnde zu sein...befreit von der Last der persönlichen Täterschaft. Gleichzeitig ist damit der Tod der scheinbaren Person verbunden, da diese als Illusion erkannt wurde. Das Leben selbst übernimmt Regie so, wie seit je her. Du warst in der Tat noch nie hier, so wie du dachtest. Du bist zeitlos, ewig und hast in der Tat noch nie eine Handlung begangen. Wie in einem Film bleibt dir nichts weiter, als zuzuschauen. Nur mit dem einen Unterschied, dass es hier noch nicht einmal einen Zuschauer gibt. Alles geschieht spontan, erscheint und verschwindet auch wieder. Die Befreiung von der Last der persönlichen Täterschaft ist die einzige Befreiung, die es gibt und sie verleiht Frieden, stabilen Frieden.

Das, was kommt und geht und das, was reagiert, hat keine Dauer. Das allerdings, in dem dies alles erscheint, ist keiner Zeit unterworfen, liegt allem zugrunde und ist in allem. Dies ist unser wahres Zuhause. Es ist hier, war noch nie woanders. Du warst es, bist es und wirst es immer sein. So sehr hast du dich in diesen Traum der Person verliebt, dass du vollkommen vergessen hast, wer du wirklich bist. Zeitloses Sein, in dem alles erscheint. Jenseits ist nicht irgendwo, es ist hier, genau vor unserer Nase. Niemand geht irgendwo hin oder kommt von irgendwoher. Niemand hat sich je bewegt. Es sieht immer nur so aus, als ob. Das, was du wirklich bist, ist zu keiner Handlung fähig, weil es die Handlung selber ist bzw. ermöglicht. Reines Funktionieren, ein sich selbst generierendes Spiel sozusagen, ohne einen Spieler. Also Spielen wir und tun so, als ob. Immer und immer wieder im Namen der Liebe, denn sie ist es, die alles antreibt. Aus dem einzigen Grund, um sich auszudrücken, um Wahrnehmung zu ermöglichen, um sich zu erkennen und zu erfahren in den Millionen und Millionen von Erscheinungen. Ein geniales Spiel der Täuschung, welches niemand beeinflussen kann. Ein Spiel des Bewusstseins mit sich selbst.

LOVE

Statt eines Nachwortes

Wie ich zu Beginn des Buches berichtete, träumte mir vor ca. einem Jahr, Werner hätte das Nachwort für mein Buch geschrieben. Während unserer E-Mail-Korrespondenz erklärte er sich spontan dazu bereit, das Nachwort für mein nächstes Buch zu schreiben. Doch dazu sollte es nicht mehr kommen.

Die folgenden Worte der Wertschätzung meines lieben Freundes, Bruders und natürlich spirituellen Meisters, Werner Ablass, veröffentlichte er im November 2018 auf Facebook.

Ich verwende sie hiermit statt eines Nachwortes:

Eine ganze Reihe von spirituell Suchenden hat mein Dienst bereits desillusioniert. Reimund jedoch wurde nicht allein desillusioniert, sondern vermittelt seit Jahren mit seinen Worten dieselbe Message im gleichen Spirit. Seine Texte sind durchsättigt mit Wahrheit. Ich genieße sie durchwegs und freue mich so sehr darüber, wie fokussiert Reimund ist. Er bezeichnet sich weder als Lehrer noch als Leerer, gibt soweit mir bekannt weder Satsang noch Seminare, was jedoch aus ihm heraus fließt ist Quelle, rein, bedingungslos, absolut!

Ich liebe dich, Reimund. Bruder im Geist. One Spirit.

Du warst einst mein "Schüler", doch heute bist du selbst ein Meister (obgleich du das nicht gerne hörst) und ich verneige mich (with tears of joy in my eyes) voller Respekt!

Herzlichst, Werner

ERLEUCHTUNG!

Du existierst nicht als Person.
Du hast noch nie eine Handlung vollbracht.
Du hast noch nie einen Gedanken gedacht.
Alles geschieht.

Leben geschieht ohne einen Lebenden.
Liebe ist ohne einen Liebenden.
Vor einer jeden Vorstellung bin ich.
Ich, der Namenlose,
der auf so viele Namen
hört.

LOVE

Falls beim Lesen des Buches die eine oder andere Frage auftaucht oder du einfach die Lust verspüren solltest, mit mir Kontakt aufzunehmen, bist du hierzu herzlich eingeladen.

Du erreichst mich unter der E-Mail-Adresse:
info@reimundkaestner.de

Weitere Informationen unter:
www.reimundkaestner.de

Und täglich spricht das Leben - 365 Verweise auf die absolute Wahrheit

Dieses Buch ist eine wahrhafte Fundgrube inspirierender, kurzer Texte für jeden Tag des Jahres. Der Autor bringt dem Leser Advaita für das ganz gewöhnliche Leben näher und räumt auf mit vielen spirituellen Konzepten, z.B. von Stille, Meditation, Ego und Erleuchtung. Jeder einzelne Text sättigt den nach Wahrheit dürstenden Geist.

Ja...alle Lust will Ewigkeit! - Betrachtungen des Lebens aus nondualer Sicht

Dieses Buch hat die Kraft, zu transformieren und den Suchenden immer wieder dahin zu führen, wo sein wahres Wesen ist. Was der Autor hier vermittelt, ist reinstes Advaita, eine Betrachtung des Lebens aus nondualer Sicht. Wer dies erfasst, kann in der einfachen Erkenntnis, dass der Verlust der Illusion persönlicher Täterschaft die größte Befreiung ist, die Lösung all seiner Probleme finden und eine grundlegend andere Sichtweise auf das Leben erlangen.

Hallo!...Hier spricht das Leben - Eine Auswahl von Texten über das Leben aus nondualer Sicht

Dieses Buch ist eine Sammlung ausgesuchter Texte des Autors, welche allesamt auf das verweisen, was gemeinhin als Wahrheit bezeichnet wird. Es wird der bescheidene Versuch unternommen, auf das zu verweisen, was eigentlich nicht zu beschreiben ist. Das Leben beschreibt sich praktisch selbst aus nondualer Sichtweise.
"Purer Genuss, Inspiration und natürlich der Tod der Illusion persönlicher Täterschaft erwarten den Leser, der sich mit nicht weniger als der absoluten Wahrheit zufrieden gibt."
Aus dem Vorwort von Werner Ablass